Peter Opitz

Ulrich Zwingli
Prophet, Ketzer, Pionier des Protestantismus

TVZ

Peter Opitz

Ulrich Zwingli
Prophet, Ketzer, Pionier des Protestantismus

T V Z
Theologischer Verlag Zürich

Bibliografische Information der Deutschen Nationalbibliothek
Die Deutsche Nationalbibliothek verzeichnet diese Publikation in der Deutschen Nationalbibliografie; detaillierte bibliografische Daten sind im Internet über http://dnb.d-nb.de abrufbar.

Umschlaggestaltung: Simone Ackermann
Unter Verwendung eines Porträts von Ulrich Zwingli (1531), gemalt von Hans Asper

Druck: ROSCH-BUCH, Scheßlitz

ISBN 978-3-290-17828-4

© 2015 Theologischer Verlag Zürich
www.tvz-verlag.ch

Alle Rechte, auch die des auszugsweisen Nachdrucks, der fotografischen und audiovisuellen Wiedergabe, der elektronischen Erfassung sowie der Übersetzung, bleiben vorbehalten.

Inhalt

Die Wiederentdeckung des «Angesichts Christi»
Die Anfänge Zwinglis als Reformator

Studium, Volkspriester, Humanist 11
Die Anfänge der Predigttätigkeit in Zürich 18
Der Fastenbruch als Auftakt
    der öffentlichen Auseinandersetzungen 25
Das göttliche Wort als Ruf des lebendigen Christus 29

Reformation der Kirche im Zeichen des Evangeliums von der Versöhnung
Zwingli und die Zürcher Stadtreformation

Die Disputationen von 1523 35
Zwingli und die Zürcher Täufer 42
Zwingli und die Zehntenfrage 48
Die Umgestaltung des kirchlichen und sozialen Lebens 55

    Bilderentfernung und Neuordnung der religiösen Feiern 57
    Klosterschliessungen und die Reformation
    des Grossmünsterstifts 59
    Die Almosenordnung 60
    Eheordnung und Sittengesetzgebung 61
    Die Synoden und das «Hirtenamt» 64
    Das «Lectorium» 66
    Das Nachtmahl als Feier der Gegenwart Christi 69

«Wenn Gott die Türangel bewegt, wird auch der Türbalken erschüttert» Zwingli und die Reformation in der Eidgenossenschaft

Zwinglis politische Ziele für eine wahrhaft
   christliche Eidgenossenschaft 77
Ausbreitung der Reformation und Widerstand
   gegen die «Zwinglische Ketzerei» 80
Der Blick nach Europa und das Marburger Religionsgespräch 86

   Lateinische Bekenntnisschriften 86
   Das Marburger Religionsgespräch 88
   Zwingli als Theologe der freien, die Menschen zu sich
      rufenden Güte Gottes 93

Der Weg in den militärischen Konflikt 95

   Der Erste Kappeler Krieg 97
   Der Zweite Kappeler Krieg 101

Zwingli als Pionier des Protestantismus

Wirkungen 109
Perspektiven 112

Abkürzungen, Literatur, Bildnachweise 117

«Man muss ... das edle Angesicht Christi, das von belastender menschlicher Überlieferung übertüncht, entstellt und verschmiert worden ist, wieder reinigen und säubern. Dann wird uns Christus wieder lieb. Wir spüren dann, dass sein Joch sanft ist und seine Lasten leicht.» (Huldrych Zwingli Schriften, IV Bde., hg. von Thomas Brunnschweiler und Samuel Lutz, Zürich 1995 [= ZS], Bd. I, 70, vgl. Mt 11,30)

Die Wiederentdeckung des «Angesichts Christi»

Die Anfänge Zwinglis als Reformator

Studium, Volkspriester, Humanist

Manches aus Ulrich Zwinglis Bildungsweg liegt im Dunkeln. Nur bruchstückhaft geben uns die vorhandenen Quellen Auskunft über die Zeit vor seiner Ankunft in Zürich. Und was seine innere, geistige und religiöse Entwicklung angeht, ist der Zürcher Reformator auch selber eher wortkarg. Die Turbulenzen, die Zwinglis kurze Wirkungszeit durchgehend begleitet haben, liessen ihm wenig Zeit zur religiösen Selbstbetrachtung. Aber dies hätte auch seinem Charakter widersprochen. Pionierhaft hat er schon damit einen «reformierten» Frömmigkeitstypus geschaffen, der sich dadurch auszeichnet, dass er wenig von sich selbst zu sagen weiss. Stattdessen liess er sich in die Geschäfte der Welt verstricken, durchaus im Wissen, dass menschliche Geschäfte immer unvollkommen und zweideutig sind. Zugleich vertraute er aber darauf, dass es inmitten aller Sturmwinde Christus selbst ist, der «die Seile festmacht, die Stange richtet, das Segel spannt und vor allem den Winden gebietet», wie Zwingli in einem Brief vom August 1522 formulieren kann (Huldreich Zwingli sämtliche Werke, hg. von Emil Egli u. a., Berlin, Leipzig, Zürich 1905–2013 [= Z], Bd. VII, 565).

Ulrich Zwingli, der seinen Vornamen später aus Dankbarkeit gegenüber Gott auf «Huldrych» (Huld-reich) abwandelte, wurde am 1. Januar 1484 in Wildhaus in der Ostschweiz geboren (vgl., auch zum Folgenden: Oswald Myconius, Vom Leben und Sterben Huldrych Zwinglis, hg. von Ernst Gerhard Rüsch, St. Gallen 1979.). Sein Vater gehörte der dortigen ländlichen Führungsschicht an. Ein ansehnlicher Landbesitz und das Amt eines Landammanns zeugen von seinem lokalen politischen Einfluss. Obwohl Untertanengebiet des Klosters St. Gallen, besass Wildhaus eine Tradition der Selbstverwaltung und enge Beziehungen zu den benachbarten eidgenössischen Orten, was das Bewusstsein seiner Einwohner zweifellos prägte. Die Selbstverständlichkeit, sich in das gesamteidgenössische politische Leben ein-

Porträt Zwinglis von Hans Asper, 1531

zumischen, war Zwingli bereits von seiner Herkunft her in die Wiege gelegt.

Mit dem Ziel, ihn in den kirchlichen Dienst zu stellen, wurde Zwingli von seinen Eltern nach dem Besuch der Lateinschule zunächst nach Bern und dann an die Universität in Wien geschickt. Auf das Sommersemester 1502 hin immatrikulierte sich Zwingli an der Universität Basel, um Magister der «freien Künste» (*artes liberales*) zu werden. Nur eine Minderheit der Studenten setzte danach die Studien fort, indem sie sich für eines der drei Fächer Theologie, Medizin oder Jurisprudenz entschied. Zwingli gehörte für ein Semester dazu, das er nach dem Erwerb seines Magisterabschlusses im April 1506 der Theologie widmete. Auf seine Studienzeit in Basel gehen wichtige Kontakte zurück, einerseits zu humanistischen Freunden und Briefpartnern, andererseits aber auch zu späteren reformatorischen Mitstreitern. Schon im Sommer 1506 liess er sich, in seinem 23. Lebensjahr stehend, auf eine Pfarrstelle in Glarus berufen. Der Hauptort des kleinen eidgenössischen Standes gleichen Namens, einen Tagesmarsch von Zwinglis Geburtsort entfernt, hatte etwa 1300 Einwohner, von denen wohl wenige des Lesens kundig waren. Nachdem er im Konstanzer Münster von Bischof Hugo von Hohenlandenberg, einem Zürcher, zum Priester geweiht worden war, hielt er am 29. September seinen ersten Messopfergottesdienst. Unterstützt von einigen Kaplänen als Hilfsprediger amtete Zwingli anschliessend als volksnaher Priester. Er nahm also als Seelsorger die Beichte ab, trug bei Fronleichnamsprozessionen die Monstranz mit der geweihten Hostie, leitete Wetterprozessionen und betete das Ave Maria mit Hilfe des Rosenkranzes. Auch der Umgang mit den Reliquien, die in der Glarner Pfarrkirche St. Fridolin und St. Hilarien aufbewahrt wurden, und das Ablasswesen waren dem jungen Priester und «Kilchherrn» von Glarus vertraut und selbstverständlich.

Parallel zu seinem Kirchendienst als romtreuer Volkspriester betrieb Zwingli ein intensives Selbststudium. Einen erheblichen Teil seiner Einkünfte verwendete er für Bücheranschaffungen, was auch später so blieb. Bei seinem Tod umfasste seine Bibliothek etwa 210 theologische und 90 philosophische Werke. In den ersten Glarner Jahren stand das theologische Selbststudium im Vordergrund. Zunehmend wandte sich Zwingli aber den «humanistischen» Studien zu. Die Bewegung des «Renaissancehumanismus» war im 14. Jahrhundert in Italien aufgekommen. Berühmte Gelehrte wie Francesco Petrarca, Marsilio Ficino, Pico della Mirandola oder Laurentius Valla sind ihr zuzurechnen. Wie der Name Renaissance andeutet, stellte sie den Menschen ins Zentrum der Betrachtungen und strebte nach einer «Wiedergeburt», einer Erneuerung der Bildung des Menschen aus dem Geist und Weisheitsfundus der lange Zeit verschütteten Antike.

Diese sollte den Verstand, den Charakter und besonders auch die ethische Lebensführung umfassen.

Wichtige Humanisten des 16 Jahrhunderts waren ausserhalb Italiens der Franzose Jacques Lefèvre d'Étaples (Faber Stapulensis) und der lange Zeit in Basel lebende Niederländer Erasmus von Rotterdam. Mit beiden stand Zwingli in geistigem Austausch. Beide waren besonders darum bemüht, die humanistische Bildungsbewegung in den Dienst einer Erneuerung des Christentums zu stellen. Dies sollte vor allem durch eine Zuwendung zu den reinen, unverdorbenen Quellen des Christentums geschehen: zu den biblischen Schriften in ihrem ursprünglichen Sinn. Zwar war die Bibel im kirchlichen und theologischen Leben vielfach präsent. Gleichzeitig aber waren ihre Texte derart stark in liturgische und religiöse Traditionen und Bräuche sowie in philosophisch-theologische Interpretationen eingebettet, dass dies geradezu einem Verdecken, ja einer Zuschüttung ihrer eigenen Aussagekraft gleichkam. Besonders durch Erasmus angeregt, den Zwingli in Basel 1516 auch persönlich traf, begann er, die alten biblischen Sprachen zu lernen, zunächst Griechisch, später Hebräisch. Bald wurde Zwingli zu einer führenden Gestalt unter den Schweizer Humanisten. Von 1510 an wurde er von seinen Brieffreunden regelmässig als «Humanist», «Philosoph» oder als «Philosoph und Theologe» angesprochen. Die Frömmigkeit einer stark ethisch geprägten, persönlichen Christusnachfolge, wie sie Erasmus in seinem berühmten *Handbüchlein des christlichen Streiters* von 1503 lehrte, prägte Zwingli nachhaltig. Seine Anstösse nahm er dankbar an, jedoch nur in dem Masse, wie sie seinen Blick auf die biblischen Texte zu schärfen vermochten. Der spätere Zürcher Reformator war nie einfach «Schüler» eines anderen, sondern behielt stets sein selbständiges, kritisches Denken und Erkennen bei. Im Rückblick erinnert er sich, dass er schon 1515 oder 1516 bei Erasmus einen Widerspruch entdeckte, der ihm selber zum Anstoss zu einem eigenständigen theologischen Weg wurde: Erasmus behauptete als wahre Frömmigkeit die Praktizierung christlicher Tugenden, als ein (religiös sehr ernst gemeintes!) Leben im Geist Christi. Er liess aber den Reliquienkult und die Heiligenverehrung unbehelligt, ebenso wie die römische Amtskirche; und darüber, was «Geist» bedeutete, liess er sich nicht nur durch die Bibel, sondern auch von antiken philosophischen Traditionen belehren. Gleichzeitig empfahl er, das wahre Christentum aus den Schriften des Neuen Testaments, besonders aus den Schriften des Apostels Paulus zu lernen. Diese allerdings stellten das ins Zentrum, was der «fromme» Erasmus in seinem *Handbüchlein* ganz an den Rand gedrängt hatte: Zentrum und Ausgangspunkt des christlichen Glaubens ist das Heilswerk, das Christus, der Gottessohn, am Kreuz für die Menschen vollbracht hat. Erst auf dieser Grundlage kann das christliche Leben dann auch ethische Christusnachfolge sein. Zwingli liess sich durch den grossen Humanisten darauf aufmerksam machen, dass – gemäss dem Zeugnis des Neuen Testaments – Christus *allein* die «Quelle alles Guten» ist, der «Retter, die Zuflucht und der Schatz der Seele», der im Evangelium die Menschen zu sich ruft. Folglich konnte es nur darum gehen, bei Christus *allein*, und nicht auch noch bei Geschöpfen, etwa bei Heiligen, Hilfe zu suchen (vgl. ZS II, 254f.). Es war ein lateinisches Gedicht des Erasmus mit dem Titel *Expostulatio*, das ihn Konsequenzen ziehen liess, vor denen der grosse humanistische Gelehrte sein Leben lang zurückschreckte. Erasmus legt dort Christus die Klage darüber in den Mund, dass die Menschen bei Heiligen Hilfe suchen, anstatt ihm allein zu vertrauen. In der deutschen Übersetzung des Gedichts, die Zwinglis Kollege Leo Jud 1522 in Zürich hat drucken lassen, ruft Jesus etwa:

> «So ich allein die Säligkeit und wares Heil üch hab' bereit. Wie wenig sind doch die in mir soelchs suchen woell'n mit Herzen gier».

Dass der Ablass, die kirchlich gewährte Verkürzung der Leidenszeit der Seele im Fegefeuer, die man sich durch ein religiöses Werk erwerben oder gar mit Geld erkaufen konnte, «Lug und Trug» ist, hatte Zwingli zur selben Zeit schon von seinem Basler Lehrer Thomas Wyttenbach gelernt. Dieser hatte ihn auf die Leidensgeschichte und das Kreuz Christi hingewiesen, als das entscheidende Heils- und Versöhnungsereignis für alle Zeiten, jenseits von religiösen Ergänzungsleistungen und kirchlichen Verwaltungsansprüchen. Paulus und der Hebräerbrief erläutern es ausführlich, und der scholastischen Theologie in der Tradition des Anselm von Canterbury war es keineswegs unbekannt. Im Tod Christi hat Gott die Menschen ein für allemal von allen Sünden erlöst. Nicht religiöse oder gar vom Papst verordnete Bussleistungen, sondern allein der Glaube ist nun gleichsam der Schlüssel, der dem Menschen Zugang zum Heil verschafft (vgl. ZS II, 173; Z V, 718).

Als Volkspriester, der um das Heil seiner christlichen «Eidgenossen» besorgt war, besass Zwingli auch ein waches Bewusstsein für die politischen Verhältnisse, Vorgänge und Verstrickungen. Sicher nicht zufällig sind gerade Zwinglis früheste Schriften politischer Natur. Ein zentrales Thema war dabei das Söldnerwesen, «Reislaufen» genannt, das in der gesamten Eidgenossenschaft praktiziert wurde und deren politische Unabhängigkeit gefährdete. In zwei frühen Gedichten, in seinem *Fabelgedicht vom Ochsen* (Z I, 10–22, vermutlich 1510) und in dem an die antike Mythologie anknüpfenden Gedicht *Der Labyrinth* (Z I, 52–60, vermutlich 1516) plädiert Zwingli jeweils für eine politisch unabhängige Eidgenossenschaft inmitten fremder Mächte. Als Feldprediger hatte er selber an Feldzügen nach Italien teilgenommen. Es war wohl die blutige Niederlage bei Marignano 1515, die Zwingli zu einem entschiedenen Gegner jeglichen Solddienstes werden liess. Diese politische Haltung war vermutlich ein Grund für seinen Wechsel nach Einsiedeln, wo er vor seiner Wahl nach Zürich von 1516 bis Ende 1518 als für das Volk zuständiger Leutpriester wirkte. Und sie war auch ein Grund dafür, dass er auf die frei werdende Leutpriesterstelle in Zürich gewählt wurde.

Flugblatt, 1514: Das neue Kartenspiel «Füsslis». Darstellung der politischen Machtverhältnisse im damaligen Europa

Die Anfänge der Predigttätigkeit in Zürich

Am 1. Januar 1519, seinem 35. Geburtstag, hielt Zwingli seine erste Predigt von der Kanzel des Grossmünsters. Er begann eine fortlaufende Auslegung des Matthäusevangeliums und machte so von Anfang an deutlich, dass in seiner Verkündigung das «Evangelium», die Christusgeschichte und -botschaft, wie sie die Bibel erzählt, im Zentrum stehen soll. Es war ein Bruch mit der Tradition, die sich auf liturgische Bibeltexte und auf die Heiligen des jeweiligen Sonntags konzentriert hatte.

Wenig vorher, Ende 1518, war Zwingli erstmals auf Luther aufmerksam gemacht worden. Bald sah er im Wittenberger Reformator einen geistesmächtigen Gesinnungsgenossen und mutigen Vorkämpfer auf dem gemeinsam betretenen Weg. In seinem Kampf gegen die Heiligenverehrung und den Ablass in der Eidgenossenschaft bemühte er sich um die Verbreitung von Schriften Luthers, die diesem Ziel dienlich schienen. In welcher Weise und in welchem Masse Luthers Schriften das theologische Denken des Zürcher Reformators insgesamt beeinflusst haben, wurde oft schon kontrovers diskutiert. Man ist hier auf Indizien angewiesen, die unterschiedlich interpretierbar sind. Zwingli selber datiert den Beginn seiner Predigt des «Evangeliums» auf das Jahr 1516 und erläutert, was er damit meint: Er stellte von da an den Bibeltext ins Zentrum seiner Predigten und erläuterte diesen allein unter Bezugnahme auf andere Bibeltexte, und nicht auf Kirchenväter, Heiligenlegenden oder kirchliche Traditionen (ZS II, 172). Das reformatorische «allein die Schrift» (*sola scriptura*) nahm hier seinen Anfang. Es war die Zeit seines Studiums des Neuen Testaments in der griechischen Ursprache, das damals gerade von Erasmus herausgegeben worden war. Bereits 1513 hatte Zwingli Griechisch zu lernen begonnen (ZS II, 174) und seine griechische Abschrift der Briefe des Paulus von 1516/17 zeugt von seiner frühen intensiven Auseinandersetzung mit dessen Denken. Er hat sie memoriert und verstand den Apostel schliesslich besser in Griechisch als in Latein (vgl. Myconius, 43). Auch die erwähnten Anstösse durch Thomas Wyttenbach und durch das Gedicht des Erasmus gehören in diesen Zeitraum. Weiter nennt Zwingli die Bedeutung des Johannesevangeliums und der Schriften Augustins, die für ihn wohl zu dessen Verständnis wichtig waren. Was aber hat Zwingli inhaltlich genau unter dem «Evangelium» verstanden? Die entsprechenden Quellen für diese frühe Periode sind spärlich. Deutlich scheint immerhin: Es bestand für ihn im Kern immer im entschiedenen und exklusiven Hören auf Christus allein, einem Hören, das sich von kirchlich-religiöser Überformung und von Bevormundung durch die theologische Tradition frei zu machen sucht. Ebenfalls deutlich ist aber, dass Zwingli im genaueren Verständnis und in der Entfaltung der Konsequenzen des «Evangeliums» einen längeren Erkenntnisprozess durchlaufen hat, der durch aktuelle Streitfragen mitgeformt wurde. Auch von Schriften Luthers hat er hier profitiert. Zwingli hat sie mit Zustimmung gelesen, sah er doch sein Anliegen dort in kraftvoller Weise vertreten, aber auch mit gelegentlicher Kritik, denn in manchen Fragen wie der Ablehnung der Heiligenverehrung und der Fegefeuervorstellung waren sie ihm zu zögerlich formuliert (vgl. ZS II, 172–178). Auch die theologischen Grundaussagen des Wittenberger Reformators hat er an der Bibel geprüft, wie er sie schon längst las. Neben Paulus spielte hier (und in Zwinglis Denken überhaupt) das Johannesevangelium eine Schlüsselrolle, schliesslich zeugt dort Jesus selbst von sich und seiner Sendung. Was Paulus im Römerbrief über Sünde, Gnade, Glaube und Gerechtigkeit erläutert, ist deutlich genug, um beide, den Wittenberger und den Zürcher Reformator in Entscheidendem zu verbinden. Gemeinsam war beiden ja das Bemühen, den Apostel als authentischen Zeugen der christlichen Wahrheit ohne das Korsett der theologisch-kirchlichen Tradition zu lesen. Gleichzeitig hat die Lektüre von frühen Lutherschriften bei Zwingli Spuren hinterlassen. Man darf vermuten, dass etwa Luthers *Resolutiones*, die 1518 gedrucke Vertei-

Rechte Stadtseite mit Grossmünster und Wasserkirche. Stadtansicht von Hans Leu d. Ä., um 1500

digung seiner Ablassthesen, Zwingli zur Vertiefung und begrifflichen Präzisierung seines Gnadenverständnisses verholfen haben. Dessen ungeachtet hat nach Zwingli das «Evangelium» stets mehr umfasst als die Sündenvergebung und Rechtfertigung des einzelnen Sünders. Während Luther sein Verständnis des «Evangeliums» stark von den ersten Kapiteln des Römerbriefs und des Galaterbriefs des Apostels Paulus prägen liess, zog Zwingli stärker auch weitere Texte des Paulus und die Sprache und Gedankenwelt aus anderen neutestamentlichen Schriften heran. Neben dem bereits erwähnten Johannesevangelium (und den Johannesbriefen) prägten auch der Hebräerbrief, der Kolosser- und der Epheserbrief Zwinglis Evangeliumsverständnis nachhaltig, ebenso wie etwa das Matthäusevangelium. So konnte er

den für Luther zentralen Gedanken und den Begriff der «Rechtfertigung» ohne Abstriche aufnehmen und auch verwenden (vgl. ZS III, 109–113). «Evangelium» im vollen Sinn meinte nach ihm aber mehr, nämlich das ganze Geschehen, durch welches sündige, Gott entfremdete Menschen von Christus und Gottes Geist erfasst, neu geschaffen und lebendig gemacht, zur Gemeinschaft mit Gott «erwählt» und in diese hineingezogen werden, was Auswirkungen auf ihr ganzes Sein, Wollen und Tun hat. Die Begrifflichkeit der «Rechtfertigung» ist ja im Neuen Testament und auch bei Paulus keineswegs die einzige Weise, das Evangelium zu formulieren (vgl. etwa 2Kor 5,19), sondern steht in einem bestimmten Argumentationskontext, wie Zwingli wohl bemerkt. Dementsprechend betont Zwingli, dass auch die «Busse», verstanden als die Änderung des menschlichen Willens und seine Neuausrichtung auf Gott, dazugehört und eine erfreuliche Sache ist (vgl. ZS III, 133–135.145f.). Für den Zürcher Reformator ist «alles, was Gott den Menschen offenbart und was er von ihnen verlangt» (ZS II, 91) – also auch dieses Letztere – «Evangelium», frohe Botschaft.

Mit dieser Sicht verbunden war eine gegenüber Luther anders nuancierte Ausgangsfrage. Sie schloss eine breite, fundamentale «reformatorische» Gemeinsamkeit nicht aus (vgl. Z XI, 252), ist aber eine Wurzel für bleibende Unterschiede. Die Frage Zwinglis – eidgenössischer Volkspriester und Humanist – war nicht so sehr diejenige nach der Heilsgewissheit (s)eines «verwirrten Gewissens», wie dies der ehemalige Mönch Luther für sich beschreiben konnte. Eher war es die Frage nach dem verlässlichen Fundament der Wahrheit und dem vertrauenswürdigen Weg des Heils. Nicht anders als für Luther ging es auch für Zwingli dabei um Leben oder Tod. Gleichzeitig hatte er aber stets – und vor allem – auch das ihm anvertraute Volk, als dessen Kind er sich verstand, und dessen Situation vor Gott im Blick, und damit Phänomene wie Egoismus, religiöse Heuchelei, Aberglaube, religiöse und politische Versklavung und religiöse Werkgerechtigkeit im Bereich der Gesellschaft. Von hier aus fragte er nach dem Ort, der Instanz oder der Autorität, die dem Menschen «Ruhe» verschaffen konnte und ihm heilsam war, ihn entlastete und befreite, und die ihm – und der Gemeinschaft, in der er lebte – zugleich die notwendige Lebensorientierung bot.

Er fand dies im «Evangelium», das er «allein der Bibel» (*sola scriptura*) entnehmen wollte und das besser zu verstehen und zu lehren er sich schon vor seiner Zürcher Zeit auf den Weg gemacht hatte: Das Angesicht Christi, das in Wahrheit das reine Angesicht des gütigen, gnädigen Gottes ist (*sola gratia*), sollte wieder sichtbar werden und damit die Quelle der Wahrheit und der einzige Weg des Heils selbst (*solus Christus*). Zu erkennen ist dieses Angesicht im Kern im Kreuzesgeschehen als dem göttlichen Versöhnungsgeschehen; aber auch schon die Worte und Taten des irdischen Jesus sind darauf hin ausgerichtet, wie alle Evangelien auf die Passionsgesschichte zusteuern und nur von ihr her verständlich sind. Wie ein übertünchtes Gemälde war dieses Angesicht Christi in der Geschichte der Kirche zunehmend unkenntlich gemacht worden. Zwingli war überzeugt: Reinigt man es wieder von menschlichen – kirchlich-religiösen – Verschmierungen und Verunstaltungen, werden es die Menschen wieder ganz neu lieben und sich an ihm erfreuen lernen, strahlt dort doch allen Menschen Gottes Menschenfreundlichkeit und Liebeswillen entgegen. So wählte Zwingli den Ruf des Christus aus dem Matthäusevangelium als Motto seines Auftrags als Prediger und liess ihn jeweils seinen gedruckten Schriften auf die Titelseite setzen:

> «Kommt zu mir all ihr Geplagten und Beladenen: Ich will euch erquicken. Nehmt mein Joch auf euch und lernt von mir, denn ich bin sanft und demütig; und ihr werdet Ruhe finden für eure Seele.» (Mt 11,28–29, Zürcher Bibel).

Auf diesen Ruf Christi zu hören, bedeutete nach Zwingli aber auch, ernst zu nehmen, was Christus in Mt 15,9 selber formuliert: «Nichtig ist, wie sie mich verehren; was sie an Lehren vortragen, sind Satzungen von Menschen» (vgl. ZS I, 69). Zwinglis Verkündigung als Einladung, das «reine», heilsame Angesicht Christi neu zu suchen, hatte als notwendige Kehrseite die Kritik an jeglicher Art von Verunreinigung und Verzerrung dieses Angesichts durch die kirchliche Tradition.

Im August 1519 wurde Zürich von einer Pestwelle heimgesucht. Im folgenden Monat wurde auch Zwingli, der dessen ungeachtet sein Seelsorgeamt weiter ausübte, von der Krankheit erfasst. Sie brachte ihn an den Rand des Todes. Erst gegen Jahresende besserte sich sein Zustand, und am 30. Dezember konnte er das letzte Pflaster gegen die Geschwüre entfernen (Z VII, 264). Sein Pestlied, das er vermutlich im Rückblick auf die Krankheit verfasst hat, zeugt von dieser existen-

Zwinglis Pestlied, Froschauer 1552

ziellen Grenzerfahrung und den Konsequenzen, die er daraus zog. Als allein durch Gottes Gnade am Leben erhaltenes «Gefäss» Gottes (vgl. Röm 9,20f.) versprach er, von nun an seine Hoffnung allein auf Gottes Hilfe und Gnade zu setzen und furchtlos, gegen allen Widerstand und alle Gewalt der Welt, Gottes Lob und Ehre zu verkünden (vgl. ZS I, 11). Ein Brief vom Juli 1520 an seinen Freund und späteren ersten Biographen Oswald Myconius nimmt den Gedanken, ein «Gefäss» Gottes zu sein, das dieser «zur Ehre oder Unehre» brauchen kann, ebenfalls auf, jetzt angesichts zunehmender Anfeindungen und schwindender Unterstützung vonseiten seiner alten humanistischen Freunde (Z VII, 265). Christusnachfolge bedeute, «wie Schafe mitten unter die Wölfe» geschickt zu sein, tapfer für Christus zu kämpfen und notfalls auch zu sterben – schrieb der Zürcher Leutpriester, bereits zwei Jahre bevor die Reformation als Bewegung in der Stadt überhaupt in Gang kam (Z VII, 343). Im selben Jahr verzichtete er endgültig auf die finanziellen Zuwendungen, die er immer noch vom Papst erhalten hatte. Zum politischen Hintergrund gehörten die Vorgänge im Deutschen Reich: Die durch Papst Leo X. vorgenommene Exkommunikation Luthers im Januar 1521 und das Wormser Edikt vom 8. Mai 1521, mit welchem Kaiser Karl V. über Luther die «Reichsacht» verhängte – und damit rechtsgültig zur Verfolgung aller der «lutherischen» Lehre beschuldigten Priester und Humanisten aufforderte, liess auch Zwinglis humanistischen Freundeskreis auseinanderbrechen, denn nun war eine Entscheidung unumgänglich. Auch Erasmus distanzierte sich spätestens 1523 deutlich von Zwingli (vgl. etwa Z VIII, 114–118). Zwingli selber hatte längst entschieden. Auch diese äusseren Geschehnisse trugen wohl zu einer Vertiefung seines Berufungsbewusstseins als prophetischer Verkündiger des Gotteswortes bei. Nun galt es, sich als Werkzeug Gottes restlos und mit allen Konsequenzen in den Dienst des wiederentdeckten göttlichen Wortes und damit seiner christlichen eidgenössischen Mitbürger zu stellen, in der klar ausgesprochenen Ahnung, dass ihn dies sein Leben kosten könnte.

Der Fastenbruch als Auftakt der öffentlichen Auseinandersetzungen

Der Ausbruch des offenen Streits um Zwinglis Lehre erfolgte im Frühjahr 1522, als es in Zürich zu demonstrativen Verstössen gegen die kirchlichen Fastenvorschriften kam. Man wird diese Aktionen als erste in die Tat umgesetzte Konsequenzen aus Zwinglis Verkündigung anzusehen haben. Berühmt geworden ist das «Wurstessen» beim Drucker Froschauer, an dem Zwingli selber zugegen war. Während der

Rat die Vergehen strafte, nahm Zwingli das Thema in einer Predigt vom 29. März des Jahres auf und liess diese, zu einem theologischen Traktat ausgearbeitet, drucken: *Von der freien Wahl der Speisen* (ZS I, 19–75). In diesem reformatorischen Freiheitsthema trifft sich Zwingli mit der zwei Jahre zuvor erschienenen Schrift Luthers *Von der Freiheit eines Christenmenschen*: Allein Christus hat dem Menschen das Heil erworben, und so befreit der vertrauende Glaube an Gottes Wort von aller religiösen Werkgerechtigkeit. Während Luther die christliche Freiheit versteht als Befreitsein davon, durch das Tun der göttlichen Gebote das Heil zu erlangen, zielt Zwinglis Freiheitsverständnis stärker auf das Befreitsein von durch Menschen verordneten religiösen Lasten und kirchlich auferlegten Geboten zur Erlangung des Heils. Denn eine «gereinigte» Erkenntnis Gottes lässt Gott als von Grund auf gnädigen und befreienden Gott erkennen:

> «Wie uns Christus durch seinen Tod von allen Sünden und allen Lasten frei gemacht hat, so sind wir [...] durch den Glauben von allen [...] von Menschen erdachten Zeremonien und Sonderleistungen [...] erlöst» (ZS I, 68).

Christen haben die Freiheit zu fasten oder nicht zu fasten – beides kann Gottesdienst sein. Keines davon ist heilsnotwendig, und keine menschliche Instanz, auch keine kirchliche, hat das Recht, dem freien Christenmenschen Fasten- und andere religiöse Vorschriften zu machen. Was hier als «Freiheit von ...» formuliert ist, ist für Zwingli in einer ganz bestimmten «Freiheit zu ...» begründet: Es ist die Freiheit, den «leichten Weg zur Gnade Gottes durch Christus» zu gehen, im vertrauensvollen Hören auf den Christus, der die Menschen zu sich selbst ruft, und ihnen «Ruhe» zu geben verspricht. Auf Christus «hören» oder «zu ihm gehen» meint nichts anderes als auf Christus allein *vertrauen* – und damit frei sein von allen zweifelhaften irdischen Heilswegen, Heilsmitteln und Heilsmittlern. Alle irdischen, geschöpflichen Gegenstände eines solchen Vertrauens nennt Zwingli im Anschluss an Propheten des Alten Testaments: Götzen. Ob ein Glaube «wahr» ist, hängt nach Zwingli nicht von der Stärke einer religiösen Empfindung oder von der Bereitschaft ab, die Last religiöser Werke auf sich zu nehmen, sondern allein von der Wahrheit und Verlässlichkeit dessen, auf den sich der Glaube richtet und verlässt. Wer an Gott, den Schöpfer, und an Christus, durch den er uns zu sich einlädt, glaubt, der wird entlastet vom Zwang der Selbsterlösung und befreit zu einem Leben in Dankbarkeit. Zwingli erläutert «Glauben» mit «Vertrauen» und mit «Sich-Christus-Ergeben» (ZS I, 28; Z II, 228.648; Z VII, 566). Es ist ein Sich-Gefallen-Lassen dessen, was Christus für die Menschen geleistet hat. Allerdings: Vertrauendes Glauben und gehorsames Tun des göttlichen Willens sind für Zwingli zwei Seiten derselben Münze. Beides fliesst aus der Erkenntnis des einen Christus und beides ist Ausdruck der einen Liebe zu Gott, wie sie der wahren Erkenntnis Gottes von selber entspringt. Liebe kann allerdings nur in freiwilliges Tun münden. Sie ist etwas grundlegend Anderes als die Forderung nach Einhaltung kirchlicher Vorschriften um des eigenen Seelenheils willen. Das «sanfte Joch», das Jesus in Mt 11,29 meint, ist ein solches Tun aus Liebe.

Der Streit, den die Fastenbrüche und ihre Rechtfertigung durch Zwingli auslösten, war erheblich. Bereits am 9. April wurde eine bischöfliche Delegation vor dem Zürcher Rat vorstellig und verlangte ein hartes Einschreiten. Dieser gab stattdessen Zwingli die Möglichkeit, sich persönlich zu rechtfertigen. Zusammen mit Mitstreitern verfasste Zwingli Anfang Juli 1522 eine *Bittschrift* an den Bischof (Z I, 197–209). Sie verlangte neben der Freiheit der Verkündigung die Aufhebung des Zölibatzwangs, der ein wichtiger Faktor der bestehenden innerkirchlichen Missstände war. Viele Geistliche suchten Prostituierte auf. Zwingli war als altgläubiger Priester keine Ausnahme gewesen. Er bekennt in einem Brief vom Dezember 1518 von seiner Zeit in Einsiedeln sein vergebliches Bemühen, sexuell völlig enthaltsam zu leben, verbunden mit dem bezeichnenden Hinweis, dass er dort

Zwinglis Tochter Regula Gwalther-Zwingli mit ihrer Tochter Anna. Gemälde von Hans Asper, 1549

niemanden gefunden hatte, «der diese Lebensweise mit mir teilte» (Z VII, 111). Dass Geistliche Kinder hatten, war keine Seltenheit. Der Reformator Heinrich Bullinger war ein Priesterkind und der erste Täufermärtyrer Felix Manz war Sohn eines Chorherrn. Die Geistlichen erhielten vom Bischof die Absolution, wenn sie diesem für ihre unehelichen Kinder die geforderten Zahlungen leisteten. Zwingli selber lebte seit 1522 mit der Witwe Anna Reinhard in «geheimer Ehe» zusammen und schloss die Ehe 1524 öffentlich. Anna Reinhard brachte drei Kinder mit in die Ehe, der vier weitere gemeinsame Kinder entsprangen.

Als Antwort auf eine Ermahnungsschrift des Bischofs erschien Ende August 1522 Zwinglis lateinische Schrift *Apologeticus Archeteles* (Z I, 256–327). Auch innerhalb der Zürcher Stadtmauern wurde

Zwingli bald einmal der «lutherischen» Häresie bezichtigt. Myconius berichtet von Entführungsversuchen und von Bewachungsmassnahmen, die der Rat zu Zwinglis Sicherheit anordnete. Dokumentiert sind nächtliche Tumulte und Steinwürfe vor seiner Wohnung, dazu zahlreiche Drohungen, Morddrohungen eingeschlossen (Myconius, 63–67).

Das göttliche Wort als Ruf des lebendigen Christus

In einer Predigt, die Zwingli zuerst im Dominikanerinnenkloster Oetenbach hielt und die Anfang September 1522 im Druck erschien, wies er auf die Grundlage seiner Verkündigung hin. Sie trägt den Titel *Von Klarheit und Gewissheit des Wortes Gottes* (ZS I, 105–155). Ein näherer Blick auf diese Schrift lohnt sich. Mit dem Humanismus seiner Zeit, der in allen Bereichen der menschlichen Kultur auf die Weisheit der Antike zurückgehen wollte, teilte der Zürcher Reformator die Überzeugung, dass auch das Christentum sich neu auf seine Wurzeln und Ursprünge besinnen sollte. Diese Ursprünge und Wurzeln fanden sich aber nirgends sonst als in der Bibel, den ersten Zeugnissen und grundlegenden Dokumenten des christlichen Glaubens. Zugleich aber, und erst jetzt kommt das in Sicht, was man unter «Reformation» oder «reformatorisch» zu verstehen hat, verstand Zwingli die Bibel nicht als einen autoritativen Gesetzeskodex, dessen Lehren man sich gläubig unterwerfen muss, oder als Sammlung von weisheitlichen Worten, sondern als Ort, an dem das lebendige Gotteswort begegnet und lebendig macht, so dass Menschen davon berührt und ergriffen, getröstet, erfreut und erneuert werden. Entsprechendes erhoffte er sich für seine gesamte Eidgenossenschaft. Nicht zufällig verband Zwingli die *Klarheit* des Wortes Gottes mit den Ausdrücken *Gewissheit* und *Kraft*. Mit *Klarheit* war nicht eine Lehre gemeint, gemäss der alle biblischen Texte einen einzigen, allen Lesenden ohne Anstrengung unmittelbar evidenten Sinn besitzen würden. Zwingli war sich über manche innerbiblischen Spannungen, ja Widersprüche ebenso im Klaren wie darüber, dass dort verschiedene Textgattungen, neben Erzählung und Argumentation etwa Bild- und Gleichnisrede, begegnen. Dazu gehörte auch die Überzeugung, dass sich das Alte und das Neue Testament gegenseitig auslegen, letzterem aber der Rang eines Kriteriums – auch darüber, was aus dem Alten Testament weiterhin Gültigkeit besitzen soll – zukommt. Zwinglis Lichtmetaphorik erschliesst, worum es ihm letztlich geht: Wenn von einer «reformatorischen Wende» Zwinglis gesprochen werden kann, dann war es das Überzeugtwerden von der erhellenden und klärenden *Kraft* des göttlichen Wortes, das in der Bibel begegnet. Beginnt man die biblische Botschaft aus sich selber heraus ernst zu nehmen und nach ihr zu fragen, möglichst ohne ihr durch kirchliche Traditionen oder philosophische Interpretationen gleich ins Wort zu fallen, gibt sie sich im Kern als *klare*, *kräftige* und *Gewissheit* bewirkende Botschaft zu erkennen und entfaltet so ihre eigene «Leuchtkraft». Sie vermag Menschen und ihren Blick auf die Welt grundlegend zu verändern. Der menschliche Verstand wird nach Zwingli damit keineswegs überflüssig, sondern im Gegenteil in Gang gesetzt, denn nun geht es darum, Verstehens- und Auslegungsarbeit zu leisten, beginnend beim Studium der biblischen Sprachen; nun motiviert und geleitet durch die *Kraft* der Sache, die hier begegnet.

Fragen wir nach dem Inhalt dessen, was dieses göttliche Wort nach Zwingli sagt, stehen wir wieder bei der Christusbotschaft. Zwingli identifiziert das «lebendige Gotteswort» letztlich mit Christus selber: Der Fluchtpunkt der gesamten Bibel ist der menschgewordene Gottessohn, der zu einer bestimmten Zeit in Galiläa lebte und am Kreuz starb und der zugleich der lebendige, auferstandene Gottessohn ist, der in den biblischen Geschichten und Texten begegnet und diejenigen, die sie lesen und hören, anspricht. Wer die Bibel liest, soll wissen: «Christus steht vor dir, er lädt dich mit offenen Armen ein und spricht nach Mt 11,28: ‹Kommt her zu mir alle, die ihr euch abmüht und beladen seid, ich will euch Ruhe geben›» (ZS I, 140). Er tut dies nach Zwingli nicht als irdischer Mensch, sondern als auferstandener Christus durch den von ihm gesendeten «Geist der Wahrheit» (ZS I, 72, vgl. Joh 16,13). Die *Klarheit* und *Kraft* des Wortes Gottes, die Menschen mit Gott zu verbinden, sie zu erleuchten und in Bewegung zu setzen, ist letztlich die Klarheit und Kraft des Geistes Gottes, der von Gott dem Vater und von Gott dem Sohn ausgeht. Zwingli denkt grundlegend trinitarisch und so, dass Gott stets der ist, von dem die Initiative, sich den Menschen zuzuwenden, ausgeht. Gott selber ist es, der das Verständnis und die Herzen von Menschen öffnen muss und immer wieder öffnet, so dass diese glauben und in die Gottesgemeischaft hineingezogen werden. Das Kriterium, dass man beim Lesen der Bibel auf dem richtigen Weg ist, formuliert Zwingli am Ende seiner Schrift *Von Klarheit und Gewissheit des Wortes Gottes* so:

> «Spürst du, wie Gottes Wort dich erneuert und du anfängst, Gott mehr zu lieben als früher, als du Menschenlehren hörtest, so sei gewiss: Gott hat das bewirkt. Spürst du, dass dir die Gnade Gottes und das ewige Heil zur Gewissheit werden, so ist das von Gott. Spürst du, wie die Furcht Gottes dich mehr und mehr erfreut statt betrübt, so ist das ein sicheres Zeichen, dass Gottes Wort und Geist in dir wirken» (ZS I, 153f.).

«... denn es kann nicht anders als durch Arbeit vorangehen, bei der die Anfänge stets am schwierigsten sind. Wir haben früher nicht darauf geachtet, das Haus Gottes in Ehren zu halten und in Sorgfalt zu pflegen. Deshalb müssen wir heute in so viel Arbeitsmühe nochmals Steine, Holz, Kalk, Sand und Mörtel zusammentragen – und viel Widerstand ertragen, bis das Haus wieder aufgerichtet ist. Mit anderen Worten: Wir haben früher nicht genug Fleiss aufgewendet, um allein auf das Wort Gottes zu achten und nichts an Gebräuchen einzuführen, die ihm widersprechen» (ZS I, 410).

Reformation der Kirche im Zeichen des Evangeliums von der Versöhnung

Zwingli und die Zürcher Stadtreformation

Die Disputationen von 1523

Angesichts der zunehmenden Konflikte, die Zwinglis Verkündigung in der Stadt ausgelöst hatte, lud der Zürcher Rat die Geistlichen ihres Gebietes, aber auch den Konstanzer Bischof und die verbündeten eidgenössischen Orte, zu Beginn des Jahres 1523 zu einem Glaubensgespräch nach Zürich ein. Mit der Einberufung einer solchen «Disputation» um Glaubensinhalte nahm sich der Zürcher Rat als weltliche Behörde einiges heraus. Solche Themen gehörten in ein vom Papst einzuberufendes Konzil. Nicht nur in Zürich wurde ein solches Argument, wie es von Reformationsgegnern oft schon vorgebracht worden war, allerdings längst als taktische Verzögerung der dringlichen Reformen verstanden. Immerhin machte sich eine kleine bischöfliche Delegation auf den Weg – als Beobachter. Das Wort zu ergreifen hätte eine kirchliche Anerkennung der Veranstaltung bedeutet. Umgekehrt hatte der Zürcher Rat mit dieser «Disputation» eine Form geschaffen, die auch andernorts in der Schweiz und im Deutschen Reich vielfach Nachahmung erfuhr, wenn es um die Einführung der Reformation ging. Am 29. Januar 1523 fanden sich etwa 600 Teilnehmer zu einem solchen neuartigen Gespräch in Zürich ein, das unter der Leitung des Zwingli wohlgesonnenen Bürgermeisters Markus Röist stand.

Zwingli hatte als Diskussionsgrundlage 67 *Artikel* verfasst, auch *Thesen* oder *Schlussreden* genannt, die man geradezu als sein Reformationsprogramm bezeichnen kann (Z II, 458–465). In den ersten 16 Artikeln weist er auf das Fundament hin, auf dem das recht verstandene Christentum steht:

> «Die Hauptsache des Evangeliums ist kurz zusammengefasst die, dass unser Herr Christus Jesus, wahrer Gottessohn, uns den Willen seines himmlischen Vaters mitgeteilt und uns durch seine Unschuld vom Tod erlöst und mit Gott versöhnt hat» (ZS II, 28).

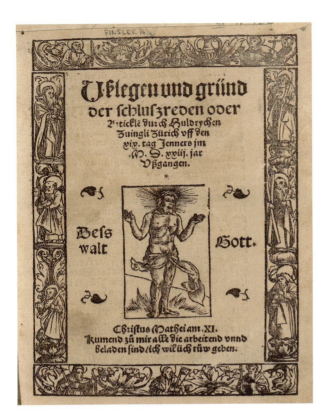

Schlussreden, Titelblatt, Froschauer 1523

Wie aber sieht eine wahre Gottesverehrung aus, worin besteht ihr Zweck, und welche Gestalt besitzt eine Kirche, die diese Grundlage wirklich ernst nimmt? Man kann Zwinglis gesamtes «Programm» seiner Reformation als Versuch eines Theologen der Frühen Neuzeit ansehen, das gesamte Christentum konsequent auf das Fundament des Evangeliums von der Versöhnung zu stellen.

Ist Christus, der Gottessohn, der «Versöhner», dann ist er auch der einzige «Mittler» (Artikel 19). Folglich besteht der Anspruch der zeitgenössischen Kirche, mittels ihrer Ämter, Institutionen, Riten und Vorschriften eine Vermittlerfunktion zwischen Gott und den Menschen wahrzunehmen und ihnen auf ihrem Weg zum Heil zu helfen – und sich gar dafür bezahlen zu lassen – zu Unrecht. Dann ist

Christus auch «der einzige Weg zur Seligkeit» (Artikel 3) und das Heil des einzelnen Menschen besteht in einem direkten, nicht erst kirchlich-sakramental oder durch Heilige vermittelten Bezug zu Christus. Es geht darum,

> «unsere Zuversicht allein auf Gott setzen ... denn was sollte er uns abschlagen, nachdem er seinen eigenen Sohn für uns dahingegeben und zum ewigen Pfand für die Bezahlung der Sünde gemacht hat?» (ZS II, 259).

Nicht nur der einzelne Christenmensch, die Kirche insgesamt muss dann aber neu lernen, sich von diesem Fundament her zu verstehen und zu gestalten. Als Versöhner und Mittler zwischen Gott und Mensch ist Christus auch, wie Artikel 7 (im Anschluss an Eph 1,22f und Kol 1,18) formuliert, das alleinige «Haupt» der Kirche, während diese als sein geistlicher «Leib» aus denjenigen Menschen besteht, die «in» Christus, geleitet und bestimmt durch seinen Geist, leben. Damit ist das, was in Wahrheit christliche Kirche genannt zu werden verdient, nicht mehr an kirchlichen Ämtern, Strukturen und Traditionen ablesbar. Die wahre Kirche besteht in den wahrhaft Glaubenden, und kann nicht einfach empirisch festgestellt werden. Und doch

> «kann jeder selbst herausfinden, ob er in der Kirche ist oder nicht. Gilt nämlich seine ganze Zuversicht und Hoffnung und sein ganzes Vertrauen Gott durch Christus Jesus, so ist er in der Kirche, d. h. in der Gemeinschaft aller rechtschaffenen Christen. Denn hat einer nur den reinen Glauben an Christus, so hat er auch den Geist Gottes [...]» (ZS II, 70).

Von dieser radikal Christus ins Zentrum stellenden, und so elementar christlichen Grundlage aus geht Zwingli in den folgenden Artikeln 17–67 die aktuellen kirchlichen Einrichtungen, Bräuche und Streitfragen kritisch durch: das Papsttum, die Messopferlehre, die Heiligenverehrung, die religiösen Werke, die kirchlichen Fastenvorschriften, die Wallfahrten, die kirchlichen Gewänder, das Mönchtum, der Zölibat, den Ablass, die Lehre vom Fegefeuer und die kirchliche Exkommunikationspraxis. Gemeinsam ist alledem, dass es sich hier um menschliche religiöse Bräuche und Vorschriften handelt. Dahinter stehen kirchliche Machtansprüche und geistliche Gehorsamsforderungen, Lasten, die dem Menschen, der um sein Heil besorgt ist, aufgebürdet werden, die sich aber nicht von Christus her begründen lassen. Im Gegenteil leugnen oder schmälern sie faktisch das christliche Evangelium als Versöhnungsbotschaft. In Artikel 10 geht Zwingli mit der Kirche der Gegenwart hart ins Gericht und benutzt dazu die biblische Bildsprache von «Haupt» und «Leib»:

> «Wie der Mensch von Sinnen ist, wenn die Glieder etwas ohne das Haupt tun ... so sind die Glieder Christi von Sinnen, wenn sie etwas ohne ihr Haupt, Christus, unternehmen, indem sie sich selbst mit unsinnigen Gesetzen strafen und belasten» (ZS II, 75).

Die Aufgabe einer «Reformation» der Kirche kann somit nur in einer Re-duktion, einer Rück-führung des kirchlichen und christlichen Lebens auf dieses göttlich gesetzte Fundament, auf Christus selber, bestehen.

Zwingli hat seine *Artikel* anschliessend zu einem ganzen Buch ausgearbeitet, das im Juli 1523 unter dem Titel *Auslegung und Begründung der Thesen oder Artikel* erschienen ist (ZS II). Weil es nicht in Latein, sondern in Frühneuhochdeutsch verfasst ist, das damals im Raum der Eidgenossenschaft gesprochen wurde, war seine direkte Wirkungsgeschichte begrenzt. Der Bischof von Konstanz schätzte die Bedeutung dieser Schrift, die der Zürcher Leutpriester in fieberhafter Eile aufs Papier gebracht hatte, allerdings richtig ein, wenn er auf der Tagsatzung vom 3. Februar 1526 in Baden bemerkte, dass dies dasjenige Buch sei, das jede hohe Schule zum «Examinieren» besitzen müsse, weil es die ganze irrige und verführerische Lehre Zwinglis enthalte (Johannes Strickler, Die Eidgenössischen Abschiede aus dem

Disputation im alten Zürcher Rathaus 1523. Späteres Bild aus der Reformationschronik von Bullinger/Haller (zwischen 1611 und 1614)

Zeitraume von 1521 bis 1528. Der amtlichen Abschiedesammlung Bd. 4, Abt. 1a [= EA 4, 1a], Brugg 1873, S. 842). In der Tat: Es enthält den Keim jeglicher reformierter Theologie, und hier besonders der Lehre von der Kirche, wie sie später von anderen, denen mehr Musse zur theologischen Arbeit vergönnt war, ausgearbeitet und weiterentwickelt wurde. Wie oft in seinen Schriften will Zwingli auch hier nur Ausleger der Bibel sein und fordert seine Leserschaft auf, seine Thesen an ihr kritisch zu prüfen:

> «Wenn ich mich aber im Verständnis der göttlichen Schrift irgendwo geirrt habe, und sich dies mit Hilfe der Schrift zu dieser oder jener Stelle beweisen liesse, lasse ich mich gerne eines Besseren belehren» (ZS II, 498).

Am Ende der Ersten Zürcher Disputation vom Januar 1523 hatten Zwingli und seine Anhänger vom Rat die Erlaubnis zur Weiterführung ihrer Verkündigung erhalten, ohne dass konkrete Schritte einer kirchlichen Neuordnung beschlossen worden wären. In der Folgezeit sah sich der Rat durch verschiedene provokative Akte und eine wachsende Sympathie der Bevölkerung für die neue Bewegung zum Handeln gezwungen. Am 28. April 1523 feierte der Pfarrer von Wytikon, Wilhelm Röibli, nach einem Gottesdienst öffentlich seine Hochzeit. Aufgrund von Predigten, die Zwingli und Leo Jud, der Leutpriester an St. Peter und Freund Zwinglis, im Kloster Oetenbach gehalten hatten, verliess der grössere Teil der Nonnen das Dominikanerinnenkloster. Am 10. August fand die erste deutsche Taufe nach einem von Leo Jud verfassten Taufformular statt. Mit seinem *Versuch über den Messkanon* unternahm Zwingli gleichzeitig einen ersten liturgischen Schritt in Richtung der Ersetzung der Messe durch einen Abendmahlsgottesdienst.

In seiner *Auslegung und Begründung der Thesen oder Artikel* hatte Zwingli die Bilderverehrung als Kreaturverehrung bezeichnet und der wahren Gottesverehrung, dem Vertrauen auf Christus und nicht auf Geschöpfliches, entgegengestellt:

> «... die Tatsache, dass man die Bilder so hoch schätzt, dass man sie auf den Altären mit der Blickrichtung zu den Menschen aufstellt, wo doch allein Gott angebetet werden soll, zeigt, dass man ihnen etwas zutraut ... Wenn man aber kein Vertrauen in sie setzen soll, weshalb stehen sie dann da? Ach Herr! Schenke uns einen unerschrockenen Mann wie Elia, der die Götzen aus den Augen der Gläubigen entferne, denn du bist das einzige Gut, das unsere Zuflucht und Hilfe ist!» (ZS II, 256).

Nachdem Leo Jud am 1. September 1523 gegen die «Götzen» gepredigt hatte, kam es zu Zerstörungsaktionen an Bildern, Statuen und gottesdienstlichen Geräten in St. Peter und in der Fraumünsterkirche.

Auch das grosse Kruzifix in Stadelhofen unmittelbar vor den Toren der Stadt wurde abgebaut. Die Frage des Strafmasses der ermittelten Täter – es fiel schliesslich angesichts des begangenen Sakrilegs relativ milde aus – bewegte nicht nur die Räte, sondern gab den Anhängern Zwinglis unter der Pfarrerschaft Gelegenheit, über das biblische Verbot von Bildern zu predigen.

Die zweite grosse Streitfrage neben der Bilderverehrung war das Messopfer. Dieser zentrale kirchliche Ritus zur Vergegenwärtigung Gottes wurde zugleich als grundlegende kirchliche Dienstleistung für das menschliche Heil verstanden. Ist Christus der Versöhner und das einzige, ewig gültige Opfer für die menschlichen Sünden (Artikel 18), dann kann die Messe aber kein Opfer sein; sie ist nach Zwingli «die *Vergegenwärtigung* des Opfers und die *Zusicherung* der Erlösung», die Christus für uns schon geleistet *hat* (ZS II, 133, Hervorhebungen durch den Vf.).

Durch den sich ausweitenden Streit und Protestaktionen zum Handeln gezwungen, berief der Rat auf den 26. bis 28. Oktober des Jahres eine zweite Disputation ein. Von den eingeladenen eidgenössischen Orten hatten nur Schaffhausen und St. Gallen Vertreter geschickt und der bischöfliche Generalvikar Faber liess sich durch einen Beobachter vertreten. Vor 900 Teilnehmern wurde zunächst über die Frage der Bilder disputiert, anschliessend über die Messe.

Nach wie vor gab es genügend Verteidiger des «alten Glaubens». (Die Verwendung dieses Ausdrucks ist der Versuch, ihrem Selbstverständnis Rechnung zu tragen und sie gleichzeitig klar zu unterscheiden von «Katholiken», Anhängern der römischen Konfessionskirche, wie sie sich erst nach der Reformation herausgebildet und in der Neuzeit gegenüber dem 16. Jahrhundert erheblich verändert hat. Wenn andererseits Zwingli und seine Anhänger hier nicht als «Neugläubige», sondern etwa, behelfsmässig, als «Reformierte» oder «Evangelische» bezeichnet werden, so auch in diesem Fall, weil dies ihrem Selbstverständnis näherkommt, denn «Reformation» war für sie die

Rückkehr zum «alten», unverdorbenen Glauben und die zeitgenössische Polemik, «neugläubig» zu sein, haben sie stets zurückgewiesen.) Dominiert wurde diese Zweite Zürcher Dispuation aber von Befürwortern einer Reformation, die sich allerdings um die nächsten Schritte stritten. Soll man «abergläubische» Bräuche wie Bilderverehrung und Messe möglichst schnell abschaffen, oder zunächst einfach nur das «Evangelium» lehren und den Menschen Zeit lassen? Der Rat befürwortete schliesslich den zweiten Weg, und Zwingli akzeptierte dessen Entscheidung. Die Unterstützung für seine Predigt hatte Zwingli weiterhin. Seine *Christliche Anleitung*, eine Einführung in die zentralen Punkte des reformierten Glaubens, wurde vom Rat gebilligt und im November 1523 den Pfarrern als Hilfe für ihre Predigten empfohlen. Zugleich wurde sie den Bischöfen, der Universität Basel und den anderen eidgenössischen Orten zur Kenntnisnahme zugestellt.

Zwingli und die Zürcher Täufer

Bereits während der Zweiten Disputation im Oktober 1523 machte sich Opposition von einer neuen Seite bemerkbar und die Konflikte mit dieser Seite waren für Zwingli um vieles schmerzlicher als die Auseinandersetzung mit der altgläubigen Partei. Denn es waren frühere Mitstreiter und mutige Vorkämpfer der Zürcher Reformation, die sich wie er auf die Bibel beriefen und die ihn nun heftig zu kritisieren begannen. Konrad Grebel, Sohn eines Ratsherrn, und der bereits erwähnte Felix Manz waren junge Zürcher Stadtbürger mit einer humanistischen Bildung, die an den ersten Bibellesekreisen teilgenommen hatten. Schon Ende 1523 war ihnen und weiteren Gesinnungsgenossen das Tempo, mit dem in Zürich die Reformation umgesetzt wurde, viel zu gemächlich. Ist die christliche Gemeinde, wie sie im Neuen Testament dargestellt wird, nicht eine kleine Gruppe wahrer Gläubiger inmitten einer unchristlichen Umwelt? Ist Zwingli nicht viel zu kompromissbereit, wenn er dem Rat die Kompetenz überlässt, konkrete Massnahmen zu beschliessen oder auch aufzuschieben? Sollte man nicht, wie einst der Prophet Elia auf dem Karmel (vgl. 1. Kön 18,21), das Zürcher Volk vor die Wahl stellen, weiterhin den Götzen oder dem wahren Gott zu folgen und nur mit den Entschiedenen eine Kirche bauen?

Bald kam dieser Gedanke einer reinen, nur die wahrhaft Gläubigen umfassenden Kirche auf, die sich als eine kleine Schar von der grossen «Scheinkirche» unterscheiden sollte und aus der man alle offenkundigen Sünder ausschliessen konnte. Zunehmend wurde dabei die Säuglingstaufe als «gotteslästerlicher Gräuel» zum entscheidenden Streitpunkt. 1524 erfolgten Aufrufe zur Taufverweigerung und erste Streitgespräche mit Zwingli über dieses Thema fanden statt. Zwingli selber war keineswegs immer ein klarer Vertreter der Säuglingstaufe gewesen, denn er war der Meinung, dass der Glaube, und nicht ein kirchlicher Ritus, den Menschen am Heil Anteil haben lasse. Die Täufer waren in diesem Punkt seine Schüler. Der Streit mit ihnen hat wohl dazu geführt, dass Zwingli nach einer neuen Begründung der Säuglingstaufe gesucht und sie 1525 auch gefunden hat – in der Lehre, dass die Taufe den Eintritt in den Gottesbund bedeutet und die christliche Ersetzung der Beschneidung, des alttestamentlichen Bundeszeichens, ist. Damit hätte die kleine Zürcher Täufergruppe ihren Anteil bei der Entstehung der Bundestheologie, die besonders den reformierten Protestantismus bis heute prägt.

In seiner Schrift *Wer Ursache gibt zur Aufruhr* vom Dezember 1524 setzte sich Zwingli kritisch mit den Täufern auseinander. Er warf ihnen «pharisäische» Selbstgerechtigkeit vor, mit der sie sich anmassten, als einzig wahre Christen über den Glauben anderer zu richten. Zwinglis Respektierung des göttlichen Geistes hatte ihn zur Einsicht geführt, dass keinem Christen das Urteil über den Glauben des anderen zusteht. Schwerwiegender aber war der Vorwurf der «Aufruhr» und damit das politische Delikt, das den Täufern von Seiten des Rats zunehmend zur Last gelegt wurde. Es folgten obrigkeitlich organisierte Täufergespräche, das erste am 17. Januar 1525. Wenig später, am 21. Januar 1525, wurde durch Konrad Grebel die erste Erwachsenentaufe in Zürich vollzogen. Allerdings muss die Gruppe der frühen Zürcher «Täufer» klar von den späteren «Täufern», wie sie sich um das *Schleitheimer Bekenntnis* von 1527 oder dann um die Schriften des Menno Simons sammelten, unterschieden werden. Die Zürcher Täufer waren eine heterogene Gruppe, der einheitliche Konturen weitgehend fehlten. Der Stadtzürcher Grebel warb für eine wahre Kirche als kleine, wehrlose Gemeinschaft von potenziellen Märtyrern «unter dem Kreuz». Er wurde so zum Vorläufer eines «freikirchlichen», sich von der Gesellschaft absondernden Täufertums. Die Täuferbewegung auf dem Land bewegte sich in eine andere Richtung und nahm bald einmal Züge einer volkskirchlich-politischen Autonomiebewegung an, die keineswegs einem konsequenten Pazifismus huldigte. Im Amt Grüningen verhinderten Bauern die Festnahme von Täuferpredigern durch den Landvogt. Ganze Gemeinden konnten sich dem Täufertum anschliessen. In Verbindung mit einem Bauernaufstand wurde Waldshut im Frühjahr 1525 zu einer Täuferstadt. Unter der Führung des ehemaligen Freundes und Mitstreiters Zwinglis, Balthasar Hubmaier, liess sich nahezu der gesamte Waldshuter Rat an Ostern (wieder)taufen. Im direkten Zürcher Einflussgebiet breitete sich das Täufertum nicht nur im Zürcher Oberland, sondern auch in Appenzell, St. Gallen und der Nordostschweiz aus und Berichte von ekstatischen Phänomenen und Visionen, von Gewalt und Immoralität unter Berufung auf direkte göttliche Eingebung verbreiteten sich. Im Frühjahr zog eine Schar von «Täufern» aus dem benachbarten Zollikon durch Zürich und kündigte der Stadt wie einst Jona in Ninive (Jona 3,4) lautstark die Zerstörung innerhalb von 40 Tagen an, falls sie nicht Busse tue (vgl. Z IV. I, 43; Emil Egli, Aktensammlung zur Geschichte der Zürcher Reformation in den Jahren 1519–1533, Aalen 1973 [=EAk], Nr. 748Z). Was sich im

Rückblick differenzieren lässt, erschien wohl nicht nur Zwingli als Phänomenkomplex mit gemeinsamen Wurzeln (vgl. Z IV, 168–175). Im Zürcher Gebiet reagierte der Rat zunächst zurückhaltend und begnügte sich mit Ermahnungen und Geldbussen. In dem Masse, in dem sich die Bewegung ausbreitete und politisch ausser Kontrolle zu geraten drohte, verschärften sich die Verbote von täufermissionarischen Aktivitäten und das angedrohte Strafmass für den Wiederholungsfall wurde schrittweise erhöht. Im März 1526 war erstmals von der Todesstrafe für renitente, «unbelehrbare» Täuferführer die Rede (EAk Nr. 937). Am 27. Januar 1527 wurde der zuvor mehrmals gefangen gesetzte und wieder freigelassene Felix Manz ertränkt. Sein Delikt war kein religiöses (er wurde nicht als «Ketzer» bestraft!), sondern ein politisches: Meineid und wiederholter Ungehorsam gegen die Mandate der gewählten Obrigkeit. Bis zum Tod hatte er alle Angebote des Widerrufs ausgeschlagen, von seiner Mutter und seinem Bruder bis zur Hinrichtungsstelle zur Standhaftigkeit aufgefordert (vgl. Heinrich Bullinger, Reformationsgeschichte, Bde. I–III, hg. von Johann Jakob Hottinger; Hans Heinrich Vögeli, unveränd. Nachdruck der Ausgabe 1838, Zürich 1984 [= HBRG], I, 382). Trotz der Erstmaligkeit dieses Delikts war es eine nach geltendem Recht übliche Strafe. Bei früheren Entlassungen aus dem Gefängnis hatte Manz, dem Rechtsbrauch entsprechend, wohl nicht ganz freiwillig, aber doch eidlich und damit auch vor Gott, bekräftigt, nicht weiterhin zu taufen – und diesen Eid sogleich wieder gebrochen, weil er nicht mehr bereit war, die christliche Obrigkeit als Autorität zu anerkennen.

    Zu Zwinglis Lebzeiten wurden noch drei weitere Täufer auf Zürcher Gebiet hingerichtet. Insgesamt sind bis zum letzten in der Schweiz hingerichteten Täufer Hans Haslibacher 1571 für Zürich sechs Todesurteile dokumentiert. In den altgläubigen Orten ging man nicht schonungsvoller mit «Täufern» um. Bereits im Juli 1525 wurde in Luzern Johannes Krüsi wegen renitentem «Wiedertäufertum» lebendig verbrannt, 1529 wurde Philipp Schwitzer und 1530 Jacob Meyer ertränkt.

Die religiöse Ernsthaftigkeit mancher Täufer, die bis zur Bereitschaft zum Märtyrertum ging, ist eindrücklich und verdient Respekt und Würdigung. Sie haben an eine radikale Christusnachfolge angeknüpft, wie sie im Neuen Testament angelegt ist, und damit für alle Zeiten eine Seite des christlichen Glaubens ins Bewusstsein gerufen, die dort, wo Christentum zur allgemeinen Kultur wird, regelmässig Verdrängung erfährt. Zwingli, auch er zum Matryrium für das von ihm erkannte Evangelium bereit, hat dies anerkannt und die Tragik der Vorgänge selber empfunden. Im Kontext des damaligen Rechtsverständnisses und Rechtsverfahrens waren die Täuferhinrichtungen zwar, wie die Bewegung selber, ein Novum. Sie waren aber noch keine eigentliche «Verfolgung», sondern eine Reaktion des Zürcher Rats auf die konsequente Missachtung ihrer Mandate und damit des öffentlich geltenden Rechts in turbulenter Zeit, und erfolgten im Rahmen der üblichen Strafpraxis. Die Verweigerung der Säuglingstaufe durch die Täufer bedeutete die Verweigerung des Eintritts in die christlich-politische Gemeinschaft und Gesellschaftsordnung. Ihre Ablehnung des Eids war die Verweigerung eines obligatorischen Grundaktes zur Sicherung verlässlicher Rechtsverhältnisse. Mit der Behauptung, dass Christen kein obrigkeitliches Amt bekleiden dürften, bestritten die Täufer die Christlichkeit der gegenwärtigen Obrigkeit und damit deren Legalität überhaupt. Und die Ablehnung, Waffen zu benutzen, kam einer Weigerung gleich, sich an der Verteidigung der eigenen Stadt gegen Feinde zu beteiligen. All dies konnte im zeitgenössischen Kontext schwerlich anders verstanden werden denn als «Aufruhr», Rebellion gegen die religiös-ideologischen und rechtlichen Grundlagen des gesamten «christlichen» Gemeinwesens. Das Recht, von der «offiziellen» Religion abweichende eigene religiöse Anschauungen öffentlich vertreten zu dürfen, war kein Gedanke der Frühen Neuzeit, weil eine politische Gemeinschaft ohne ein gemeinsames religiöses Fundament an Grundwerten nicht im Bereich des Vorstellbaren war. Bei wem sollte man den gemeinsamen (Bürger-)Eid schwören, wenn nicht beim gemeinsamen Gott? Die Überzeugung, dass eine einheitliche Religion für eine funktionierende Gesellschaft notwendig und religiöses Abweichlertum zu bestrafen sei, ist wiederum älter als das Christentum in Europa. Letzterem kann nicht vorgeworfen werden, dass es diese «Intoleranz» erfunden, höchstens, dass es sie nahtlos weitergeführt hat, nachdem es Staatsreligion geworden war (was wiederum wenig verwundert, konnten doch nur politische Machthaber eine solche Entscheidung treffen), und dies unter klarer Umbiegung zahlreicher neutestamentlicher Bibeltexte. In den Konflikten, die das möglichst konsequente Ernstnehmen der Bibel durch die Reformatoren begleiteten, kamen zudem alte Spannungen des «christlichen Abendlandes» zum Vorschein, die man bisher durch die Einführung eines vom gewöhnlichen Christentum verschiedenen «geistlichen», etwa monastischen Standes ein Stück weit erfolgreich gebändigt hatte; ein Weg, der nun, da alle Christen auf der gleichen Ebene vor Gott standen, verschlossen war.

Zwingli hat mit seinen ursprünglichen Gesinnungsgenossen hart theologisch disputiert und eine Reihe von Schriften gegen die Täufer und gegen ihren wohl gebildetsten Anwalt, seinen früheren Mitstreiter Balthasar Hubmaier, verfasst. Gleichzeitig hat er sich längere Zeit bei der Zürcher Obrigkeit für ein mildes Vorgehen gegen sie eingesetzt. Mehr als Bitten zu äussern und Vorschläge zu machen war auch hier nicht in seiner Kompetenz (vgl. Z IX, 210). Den Vollzug der Todesstrafe an Felix Manz, mit dem er noch vor wenigen Jahren die Hebräische Bibel studiert hatte, hat er weder gefordert noch bekämpft, sondern schliesslich, und sichtlich nicht leichten Herzens, als unvermeidbare Konsequenz gebilligt (vgl. Z IX, 8). Die enge Verwandtschaft zwischen dem zwinglischen und dem täuferisch-mennonitischen Verständnis des Christentums ist trotz allem bis heute unverkennbar. Mit ihrem betonten Unabhängigkeitswillen von politischen (Schutz-)Mächten, ihrem Bekenntnischristentum und ihrer weltweiten Friedensarbeit vertreten mennonitische Kirchen darüber hinaus Anliegen, wie sie

Konrad Grebel und sein (engerer) Zürcher Freundeskreis im Ansatz vertreten hatten – allerdings unter politischen und religiös-kulturellen Bedingungen, die wenig Spielraum für ihre Anliegen liessen.

Zwingli und die Zehntenfrage

Mit der Infragestellung der alten religiösen Ordnung und der Berufung auf die Bibel als alleinige Norm wurde in den ländlichen Regionen auch die Frage nach der rechtlichen Stellung und den Zinsverpflichtungen der bäuerlichen Landbevölkerung aktuell. Diese forderte seit langem mehr Rechte, etwa mehr Einfluss auf die «niedere Gerichtsbarkeit», dem Strafverfahren bei kleineren Delikten. Das Recht auf Rechtsprechung war ein entscheidender Faktor politischer Autonomie. Immer wieder eingefordert wurde auch das Recht der Gemeinden auf freie Wahl ihres Pfarrers. Ausserdem waren, neben Jagd- und Fischereirechten, die Abschaffung der «Leibeigenschaft» und des «kleinen», kirchlichen «Zehnten» zentraler Teil alter Forderungen. Während der «grosse Zehnte» eine Art Pachtzins aus den erzielten Einkünften war, den man dem Landbesitzer für das Nutzungsrecht bezahlen musste, war der «kleine Zehnte» eine Abgabe an die Kirche bzw. an eine bestimmte kirchliche Einrichtung. Ein Stift, eine Komturei oder ein Kloster wurden damit für ihre «geistlichen» Dienste oder einfach entsprechend altem Rechtsbrauch «entschädigt».

Zwar waren die politische Stellung und die wirtschaftliche Lage der Bauernschaft im eidgenössischen Raum längst nicht so bedrängend wie im Deutschen Reich, und ein Bauernkrieg konnte mit relativ geringem politischen Entgegenkommen vermieden werden. Ohne ein solches Entgegenkommen und entsprechende Verhandlungen ging es allerdings auch hier nicht. Auf der Zürcher Landschaft verbanden verschiedene Pfarrer, etwa der aus Schwaben stammende Wilhelm

Röublin in Wytikon oder der aus Franken stammende Simon Stumpf in Höngg, die Botschaft der Reformation unmittelbar mit der öffentlichen Kritik am Zehnten und schreckten nicht vor Drohungen gegen die politische Führung zurück. Gehörten solche wirtschaftlichen Abgaben nicht auch zu den durch menschliche Willkür eingeführten «Menschensatzungen», mit denen Zwingli aufzuräumen gefordert hatte? Schärfer noch stellte sich die Frage mit Blick auf den «kleinen Zehnten», den «Kirchenzehnten», ging es hier doch um Abgaben an kirchliche Einrichtungen und Institutionen, im Besonderen an Klöster, deren biblische Legitimität von den Reformatoren klar bestritten wurde. Andererseits beruhte das gesamte wirtschaftliche System auch in der Eidgenossenschaft auf einem komplizierten, historisch gewachsenen Geflecht von «Zehntenabgaben» und entsprechenden Rechten. Bei den «Götzen», die man in den ländlichen Gebieten aus den Kirchen zu entfernen begann, handelte es sich vielfach um Bilder, Statuen und weiteren kostbaren Kirchenschmuck, die zu den Schätzen eines Klosters gehörten und durch den «Kirchenzehnten» der Landbevölkerung finanziert worden waren. So entzündeten sich denn auch an den Abgaben an die Klöster und an deren reichen Besitztümern zahlreiche Konflikte. Als im Amt Grüningen im Zürcher Oberland der Abt des Prämonstratenserklosters Rüti, Felix Klauser, im April 1525 die Klosterschätze nach Rapperswil in Sicherheit bringen wollte, wurde er von der Landbevölkerung daran gehindert. Schliesslich kam es zur Erstürmung des Klosters ebenso wie der Johanniterkomturei, dem Verwaltungssitz des Johanniterordens im benachbarten Bubikon. Den Höhepunkt von Gewaltaktionen gegen Klöster bildete der «Ittinger Sturm» vom Sommer 1524, als die umliegende Landbevölkerung, aufgestachelt durch die Gefangennahme ihres reformiert predigenden Pfarrers durch den altgläubigen Landvogt, das Kloster des seit langem verhassten Abts von Ittingen plünderte. Davon abgesehen kam es besonders zwischen 1524 und 1525 zu zahlreichen, teilweise tumultuösen Versammlungen und kleineren Aufständen der Landbevölkerung. Unter Berufung auf die Alleinherrschaft Gottes enthielten die auch in schriftlichen Artikeln niedergelegten Forderungen das Begehren nach Aufhebung der Leibeigenschaft und des kirchlichen «Zehnten».

Im Herrschaftsbereich Zürichs wurden zwar Gewaltakte verurteilt und verfolgt, im Blick auf die Forderungen suchte man aber das Gespräch mit der Landbevölkerung und machte das Problem zum Thema im Rat. Dabei wurden auch die Zürcher Leutpriester um theologische Beratung angegangen. Zwingli selber hat sich in der Folge mehrfach zur Frage von Zinsen und Leibeigenschaft geäussert. Mit Letzterer war nicht Sklaverei im antiken Sinn gemeint, die es in der Eidgenossenschaft des 16. Jahrhunderts nicht gab, sondern eine vorgeschriebene Kopfsteuer für geschuldete Erbzinsen. In seiner Grundsatzschrift über die *Göttliche und menschliche Gerechtigkeit* vom Juli 1523 (ZS I, 159–214) stimmte Zwingli der Hauptaussage der bäuerlichen Manifeste zu: Leibeigenschaft, Zinsen und Zehnter stehen der *göttlichen* Gerechtigkeit, wie sie in der Bibel erkennbar ist, entgegen. Es sind «Menschensatzungen», die als solche zu behandeln sind. Dabei geht Zwingli noch einen grossen Schritt weiter: *Alle* menschlichen Besitzverhältnisse und -ansprüche widersprechen dem eigentlichen göttlichen Willen. Sie gehören in den Bereich der *menschlichen* Gerechtigkeit, einer sozialen und politischen Ordnung in der unentrinnbar von Sünde und Sündhaftigkeit geprägten Welt. Allerdings ist es dieser Bereich, in dem es zu leben und zu handeln gilt und der somit als Realität zu akzeptieren ist. Denn irdisches Recht, wie es eine durch und durch menschliche politische Obrigkeit setzt und durchsetzt, ist grundsätzlich als göttliche Hilfe gedacht, um hier Chaos und nackte Gewalt zu verhindern und ein geordnetes Zusammenleben zu ermöglichen. Das wiederum schliesst die Anerkennung von – unter diesen Bedingungen – «rechtmässigen» menschlichen Eigentumsverhältnissen und von vertraglich vereinbarten Zinsforderungen ein. Allerdings darf nach Zwingli – und dies ist entscheidend – aus dieser *grundsätzli-*

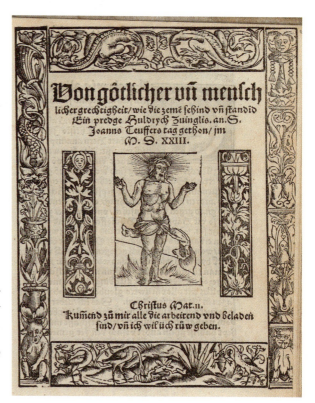

Von göttlicher und menschlicher Gerechtigkeit, Titelblatt, Froschauer 1523

chen und *bleibenden* Unterscheidung von göttlicher und menschlicher Gerechtigkeit, von reinem Gotteswillen und Bestimmungen in der Welt der Sünde, nicht gefolgert werden, dass beide Bereiche je nach eigenen Gesetzen funktionieren. Nicht jede konkrete Ordnung entspricht als solche bereits dem göttlichen Willen. Aufgabe ist es vielmehr, die Ausgestaltung und Regelung menschlicher Gerechtigkeit immer neu an der göttlichen kritisch zu prüfen und zu orientieren. Wird die göttliche Gerechtigkeit angestrebt, kommt dies dem gesamten Gemeinwesen zugute, wie Zwingli im Vorwort unterstreicht:

«Du wirst darin sehen, dass das Evangelium Christi nicht Gegner der Obrigkeit ist und nicht Zerwürfnisse um zeitlicher Güter willen hervorbringt, sondern die Obrigkeit festigt, sie recht leitet und mit dem Volk einig macht, *sofern* sie christlich, d.h. nach dem von Gott vorgeschriebenen Mass, vorgeht» (ZS I, 160).

Gemeint ist die Aufgabe, im stets von Sünde und Unvollkommenheit geprägten irdisch-menschlichen Bereich eine *Gleichförmigkeit* oder eine *Analogie* zu erreichen zwischen der menschlichen und der göttlichen Gerechtigkeit. Dass dies immer nur anfangsweise geschehen kann, tut der Sache keinen Abbruch. Die Aufgabe der Christenmenschen in der Welt, und zunächst die Aufgabe aller politisch und wirtschaftlich Verantwortlichen, ist nicht nur die Verhinderung von Chaos durch Zwangsordnungen, sondern die Gestaltung der Welt in ihrer Unvollkommenheit in Orientierung an der göttlichen Gerechtigkeit. Die entscheidende Frage muss somit lauten: In welchen Strukturen, Ordnungen, Handelsbeziehungen usw. kann sich die göttliche Gerechtigkeit am besten in der Welt widerspiegeln? Wie ist der Umgang mit Gütern zu regeln, dass dies dem Frieden dient und zugleich etwas davon sichtbar ist, dass alle irdischen Güter ein Geschenk Gottes sind und «Privatbesitz» letztlich nicht dem göttlichen Willen entspricht? Wie muss das menschliche Zusammenleben gestaltet und geregelt werden, damit verlässliche Beziehungen möglich werden, in denen zugleich zum Ausdruck kommt, dass jeder Mensch zum Ebenbild Gottes geschaffen ist?

Charakteristisch für den Zürcher Reformator ist, dass er bei den gegebenen Verhältnissen ansetzt und gleichzeitig nach *realistischen* Veränderungsmöglichkeiten fragt. So wendet er seine grundlegenden theologischen Einsichten auf die konkreten Sachfragen an: Zwar würde ohne Darlehen und Zinsen die Wirtschaft zusammenbrechen, was deren schlichte Abschaffung nicht erlaubt. Das ganze Geldgeschäftswesen muss aber menschengerecht gestaltet werden, so, dass es «den menschlichen Frieden» nicht stört. Dies bedeutet einerseits, dass vereinbarte Zinsen bezahlt werden müssen, andererseits, dass der Zinssatz 5 Prozent nicht übersteigen darf, wie Zwingli – zwanzig Jahre vor Calvin, auf den in dieser Frage immer wieder Bezug genommen wird – festhält. Dass geltende rechtliche Bestimmungen, auch wenn sie nur menschliche Gerechtigkeit darstellen, einzuhalten sind, bedeutet nicht, dass sie nicht veränderbar sind. Aufgabe einer verantwortlichen christlichen Obrigkeit ist gerade ihre Veränderung, jedenfalls dort, wo eine grössere Annäherung an die göttliche Gerechtigkeit nötig und möglich erscheint:

> «Da nun die Zehntenabgabe das zeitliche Gut betrifft, steht es einer Obrigkeit zu, auf der Anwendung dieses Rechts zu bestehen oder es zu ändern, aber in jedem Fall ohne Verletzung der menschlichen Beziehungen» (ZS I, 203).

Entsprechend ruft Zwingli in seiner Schrift *Wer Ursache zur Aufruhr gibt* (ZS I, 335–426) zu konkreten Schritten einer solchen «Arbeit des Erneuerns» auf, und macht Vorschläge, wie der «Zehnte» wieder sachgemäss verwendet, bestehende Missbräuche verhindert und die Praxis der Selbstbereicherung einiger weniger auf Kosten des Volkes unterbunden werden kann. Insbesondere der «Kirchenzehnte» muss für kirchliche Aufgaben im engeren Sinn, für Verkündigung und Seelsorge einerseits und für die Armenfürsorge andererseits, verwendet werden.

Generell sieht sich Zwingli genötigt, seine Verkündigung in dieser Frage gegen ihre missbräuchliche Interpretation und gegen falsche Vorwürfe zu verteidigen: Missbräuchlich sind Forderungen, die den Abbruch des geltenden Rechts unter Berufung auf das göttliche Recht verlangen. Angesichts von Plünderungen und Gewalt, wie sie unter Berufung auf das «Gotteswort» vorkamen und dieses in den Augen der Altgläubigen zusätzlich desavouierten, hält er klar fest: Reformation bedeutet, die Sache «friedlich wieder auf die rechte Bahn zu bringen». Die Wiedereinführung des rechten Gottesdienstes darf nicht zum Deckmantel für Zerstörung, Rache und materielle Bereicherung werden. Und zugleich geht es «nicht an, dass dem Gotteswort angelastet wird, woran weder es selber noch seine rechten Verkündiger schuld sind» (ZS I, 401).

In zwei «Gutachten» betreffend des «Zehnten» im Sommer 1525 (vgl. Z IV, 346–360; 536–545) wird Zwingli noch konkreter und schlägt im ersten die Aufhebung der Leibeigenschaft vor – unter Verweis auf das Neue Testament, nach dem alle Christen «Kinder Gottes» sind und geschwisterlich miteinander leben sollen. Weiter empfiehlt er die Aufhebung des «kleinen Zehnten» und Zinsverhandlungen, was den «grossen Zehnten» angeht. Es war wohl der politische Widerstand, der ihn dann zu einer vageren Formulierung zwang, wie sie sein zweites Gutachten enthält, allerdings mit der klaren Forderung an die Obrigkeit, aus dem göttlichen Wort heraus Verbesserungen des gegenwärtigen Zustandes anzustreben.

Der Zürcher Rat hat daraufhin die «Leibeigenschaft» im Blick auf damit verbundene rechtliche Einschränkungen aufgehoben, nicht aber die Steuerpflicht. Ein Mandat vom 14. August 1525 knüpft an Zwinglis zweiten Ratschlag an. Beibehalten wurde auch das Obligatorium sowohl des «grossen» wie des «kleinen» Zehnten. Letzterer allerdings wurde verringert und es wurde seine künftige rechtmässige Verwendung in Aussicht gestellt (vgl. EAk Nr. 799).

Es wäre anachronistisch aus Zwinglis Haltung direkte (sozial-)politische Schlüsse ziehen zu wollen. Zugleich ist es unübersehbar, dass sich der Zürcher Reformator nicht nur aus zeitgenössischen, sondern aus theologischen Gründen eine wahrhaft «christliche» Gemeinschaft nur vorstellen konnte als eine Gemeinschaft, die sich dem sozialen Ausgleich und dem Wohl aller, auch der Schwachen, verschreibt und ihre rechtlichen und ökonomischen Rahmenbedingungen entsprechend gestaltet.

Die Umgestaltung des kirchlichen und sozialen Lebens

Die Disputation vom Januar 1523 setzte den Prozess einer städtischen «Gemeindereformation» in Gang, der sich bestenfalls steuern, aber nicht mehr unterbinden liess. Er wurde vorangetrieben durch zahlreiche Vorkämpfer. In der Stadt waren es Einzelne oder Gruppen, Bürgersöhne oder Handwerker; in den umliegenden Dörfern waren es nicht selten Pfarrer mit provokativen Predigten oder Aktionen und spontane Volksversammlungen, die mit lautstarken Forderungen die offizielle Staatsgewalt in Zugzwang brachten. Von einer langfristig organisierten oder planmässig durchgeführten Reformation in Zürich kann keine Rede sein. Man kann sich im Gegenteil die Zeit von Zwinglis Wirken in Zürich kaum bewegt genug, immer wieder auch mit tumultuösen Momenten vorstellen. Was von der Stadt gilt, gilt von der Landschaft und von manchen «Gemeinen Herrschaften» in erhöhtem Mass. Schon auf der Tagsatzung vom Juni 1523 in Baden wurde voller Sorge, die Sache könnte ganz der Kontrolle entgleiten, über entsprechende Probleme und Vorfälle berichtet (vgl. EA 4, 1a, S. 293–299).

Nicht zu vergessen ist, dass die Rede vom «Rat» oder von der «Obrigkeit» als einem einfachen Handlungssubjekt die politischen Verhältnisse sehr vereinfacht: Die Zürcher Regierung bestand aus einem «Kleinen Rat» mit 48 und einem «Grossen Rat» mit 212 Mitgliedern, zumeist Vertreter der in Zünften organisierten städtischen Bürgerschaft und nach einem komplizierten Schlüssel zusammengesetzt. Abhängig von der Jahreszeit und dem jeweiligen Geschäft traten diese Räte nicht immer in voller Besetzung zusammen. Meinungsverschiedenheiten und Streit, Koalitionen und wechselnde Mehrheiten waren dieser Regierungsform eingezeichnet. Während der «Kleine Rat» bis 1525 mehrheitlich dem «alten Glauben» zugetan blieb, unterstützte der «Grosse Rat» bereits seit der Ersten Disputation Zwinglis Bestrebungen mehrheitlich, und nahm auch politisch in

Porträt des Diethelm Röist. Spätere Kopie eines verlorengegangenen Ölgemäldes von Hans Asper

dieser Frage zunehmend die Zügel in die Hand. Erheblichen, und doch nicht unbegrenzten Einfluss besassen dabei die beiden jeweils für ein halbes Jahr amtierenden Bürgermeister. So sind etwa die Rollen des Bürgermeisters Markus Röist und seines Sohnes Diethelm für die Zürcher Reformation von nicht geringer Bedeutung – und ein Blick auf ihre Lebenswege wirft zugleich ein Schlaglicht auf die auch familiär spannungsreichen Konstellationen der Zeit: Noch 1517 wurde Markus Röist als ehemaliger Zürcher Söldnerführer in der Schlacht von Marignano (1515) von Papst Leo X. als Gardehauptmann und militärischer Berater nach Rom berufen. An seiner Stelle schickte er seinen Sohn Kaspar dorthin, der seine Aufgabe mit Einsatz und Erfolg erfüllte und 1527 beim «Sacco di Roma» sein Leben für den Papst liess. Zeitgleich unterstützte Markus Röist selber die Berufung Zwinglis nach Zürich und leitete 1523 die Erste Zürcher Disputation. Sein anderer Sohn Diethelm, der noch 1518 eine Pilgerreise nach Santiago de Compostela unternommen hatte, folgte ihm nach seinem Tod 1524 als Bürgermeister. Als einer der wohlhabendsten und einflussreichsten Zürcher wurde Diethelm Röist in den Folgejahren zum tatkräftigen Förderer der Zürcher Reformation und blieb dies auch in der kritischen Phase nach der Niederlage in Kappel 1531.

Zwingli amtete dabei als theologischer Berater, der Anstösse gab, Reformkonzepte und -vorschläge ausarbeitete, aber auch biblische Begründungen lieferte. Die Entscheidungen traf der Rat allein. Er hörte sich zwar Zwinglis Vorschläge regelmässig an, entschied aber eher selten genau in seinem Sinn. Was die institutionelle Umsetzung und damit die reale, politische Einführung der Reformation in Zürich und erst recht in anderen eidgenössischen Orten angeht, kann man nur in diesem eingeschränkten Sinn von einer «Zwinglischen Reformation» sprechen. Wir blicken auf einige wichtige Massnahmen, wie sie von 1524 an getroffen wurden.

Bilderentfernung und Neuordnung der religiösen Feiern

Nachdem die Zweite Disputation vom Oktober 1523 mit dem Beschluss geendet hatte, dass man sich für konkrete Schritte Zeit lassen wollte, waren es weitere provokative Aktionen, wie die Bilderzerstörungen in der benachbarten Landgemeinde Zollikon an Pfingsten 1524, die den Rat zum Handeln zwangen. So wurde Ende Juni 1524 auf Ratsbeschluss hin mit der Entfernung der zum Zweck der religiösen Verehrung aufgestellten Bilder begonnen. Jede einzelne Gemeinde, so der Beschluss, sollte darüber bis zu einem gewissen Grade selber entscheiden können und in den meisten schritt man unter Aufsicht des Pfarrers sogleich zur Tat. In der Stadt wurden die Bilder unter Beisein einer Ratsdelegation von Handwerkern fachkundig abgenommen und den Eigentümern und Spendern zurückgegeben. Zwingli selber hatte an der Zweiten Zürcher Disputation vor der eigenmächtigen Zerstörung von «Götzen» gewarnt. Ein allgemeiner Bildersturm fand in Zürich nicht statt. Begründet wurde die Massnahme mit Argumenten Zwinglis: «Bilder» sollen «an allen Orten, wo sie verehrt werden», und damit als «Götzen» dienen, weggenommen werden, damit sich die Menschen ganz dem «lebendigen und wahren Gott» zuwenden und «alle Hilfe und Trost» bei Christus selbst suchen. Die im Zusammenhang solcher Bilder verwendeten Geldmittel sollen nun den «armen und bedürftigen Menschen» zugute kommen, denn nicht Statuen, sondern sie sind «allein wahre (Eben-)Bilder Gottes» (EAk Nr. 546). Dabei ging es nicht um ein Verbot von bildlichen Darstellungen mit religiösen Motiven überhaupt, sondern um Bilder, die der Anbetung und Verehrung des einen, unsichtbaren Gottes im Weg standen.

Dass einschneidende Änderungen im religiösen Leben jedenfalls in der Stadtbevölkerung eine breite Unterstützung fanden, zeigt sich am raschen Verschwinden alter Traditionen: Die grosse Pfingstprozession wurde 1524 vom Rat abgesagt und das gesparte Geld der Armenversorgung überwiesen, nachdem bereits in den Vorjahren die Beteiligung schwach gewesen war; auch andere Prozessionen schliefen bald ein. Zwingli schlug stattdessen in der Karwoche öffentliche Zusammenkünfte vor den Stadtkirchen mit Predigten zu den sieben Busspsalmen vor. 1526 erliess der Rat eine neue Feiertagsordnung, in welcher neben dem Sonntag die kirchlichen Feiertage benannt wurden, wie sie im Wesentlichen noch in der Gegenwart bestehen (vgl. EAk Nr. 946).

Klosterschliessungen und die Reformation des Grossmünsterstifts

Ein wichtiger Reformschritt war die Aufhebung der Klöster, die von Ende 1524 an schrittweise vollzogen wurde. In seinen *Artikeln* für die Erste Disputation hatte Zwingli dem monastischen Leben die biblische Begründung abgesprochen: Es widerspricht dem Grundgedanken, dass alle Christen vor Gott, und darum auch untereinander, grundsätzlich auf der gleichen Stufe stehen, und ist anfällig für religiöse Heuchelei, «Geldfilz» und fromme, sektiererische Absonderung vom gewöhnlichen Christenvolk. Nach einer Austrittswelle wurden das Dominikanerinnenkloster Oetenbach und das Fraumünster der Stadt übergeben. Zum Austritt gezwungen wurde niemand, vielmehr erlaubte man den Nonnen und Mönchen, ihren Lebensabend im Kloster zu verbringen. Zwingli verfasste dafür eigens eine entsprechende Liturgie, selbstverständlich mit dem «göttlichen Wort» im Zentrum (vgl. Z V, 526–529). Nicht mehr möglich hingegen waren Neueintritte. Die verbliebenen Bewohner der drei Männerklöster der Bettelorden wurden im Barfüsserkloster zusammengezogen. Die jüngeren, austrittswilligen Mönche sollten ein Handwerk lernen, um sich künftig selber ernähren zu können.

Mit der Reformation des klösterlichen Lebens war auch die Neuregelung der «Pfründe» und «Stifte» verbunden, der traditionellen Einkünfte zum Unterhalt kirchlicher Ämter, Orden und Einrichtungen. Das Grossmünsterstift wurde nach einem Vorschlag Zwinglis dahingehend neu organisiert, dass mit den Einkünften nun schwergewichtig das Studium der Bibel gefördert werden sollte und damit das Schulwesen. Stipendien für mittellose Studenten sollten gewährt und gute Lehrer angestellt werden (vgl. EAk Nr. 426). Eine finanzpolitische Weichenstellung für die spätere Zürcher «Hohe Schule» war damit erfolgt.

Linke Stadtseite mit Fraumünster. Stadtansicht von Hans Leu d. Ä., um 1500

Die Almosenordnung

Im Zuge der Neuordnung der kirchlichen Finanzen entstand 1525 auch eine neue Almosenordnung. Bettler vor den Kirchen waren bis dahin üblich: Sie konnten auf Spenden hoffen, da das Geben von Almosen bis anhin als religiöses «gutes Werk» dem eigenen Seelenheil förderlich war. Nun wurde die Bettelei verboten. Wer arbeiten konnte, sollte sich den Lebensunterhalt selber verdienen. Den wahrhaft Bedürftigen und Kranken hingegen sollte durch die Schaffung einer verlässlichen «sozialen» Institution nachhaltiger geholfen werden. Eine Fürsorgekommission aus vier Ratsmitgliedern wurde damit beauftragt, zusammen mit «Helfern», die sich auf die Quartiere der

Stadt verteilten, die Gelder für die Armenfürsorge zu verwalten und für eine tägliche Speisung der Armen zu sorgen. Das Prediger- und das Oetenbachkloster wurden zu Pflegestationen für die Kranken bestimmt. Auf dem Land wurden analoge Einrichtungen geschaffen. Ein Erlass über die Kirchengüter sollte ihren Missbrauch verhindern und ihre zweckbestimmte Verwendung zugunsten der Armen und Bedürftigen sichern. Eine Kommission in jeder Kirchgemeinde, bestehend aus dem Pfarrer und Vertretern der lokalen politischen Obrigkeit, sollte sie beaufsichtigen. Register über Güter, Einkommen und Zinsen sollten angelegt und in einer Jahresrechnung sollte darüber Rechenschaft gegeben werden (vgl. EAk Nr. 619).

Eheordnung und Sittengesetzgebung

Eine wichtige Folge der Reformation war die Beseitigung der altgläubig-bischöflichen Jurisdiktion auf dem Gebiet der Ehe und des öffentlich-sittlichen Zusammenlebens. Bisher hatte das bischöfliche Konsistorium (Offizialat) über geistliche Angelegenheiten Recht gesprochen. Es hatte Geldstrafen für geistliche Delikte verhängt oder den Kirchenbann, den Ausschluss von der Teilnahme an den Sakramenten, ausgesprochen. Auch in manchen zivilen Streitfragen und in Beurkundungen war es zuständig, besonders aber in Ehefragen. Damit war nun der Rat gefordert, als christliche Obrigkeit die Verantwortung für eine Neuordnung dieses Bereichs zu übernehmen: Fragen der legitimen Eheschliessung und des Verfahrens im Fall von Streitigkeiten oder von Ehebruch gehörten dazu, aber auch Fragen der öffentlichen Moral und Sitte. Grundlegend wurde ein Mandat über die Ehe vom Mai 1525 und ein umfassendes «Sittenmandat» vom März 1530 (vgl., auch zum Folgenden: EAk Nr. 711; Nr. 1656).

Beschlossen wurde die Einrichtung eines «Ehegerichts», ein Gremium, bestehend aus Ratsmitgliedern und Pfarrern. Dieses sollte nun für die entsprechenden Problemfelder zuständig sein. In den Landgemeinden sollte eine kleine Kommission, bestehend aus dem lokalen Untervogt, dem Pfarrer und einem «Ehegoumer», Streitfälle schlichten und zum Rechten sehen. Verbunden mit einer Neuorientierung an der Bibel versuchte man, die Ehe stärker als ein göttlich gebotenes Gefäss für ein lebensförderliches christliches Zusammenleben der Geschlechter zu interpretieren. Aus der bisherigen Praxis von «heimlichen» mündlichen Eheversprechen hatten sich stets zahlreiche Streitigkeiten ergeben. Nun sollte jede gültige Ehe mit einem öffentlichen, kirchlichen Eheversprechen und der Fürbitte der Gemeinde beginnen. Das traditionell grosse Bestimmungsrecht von Eltern über ihre Kinder wurde eingeschränkt: Niemand durfte seine Kinder gegen deren Willen jemandem zur Ehe versprechen oder gar zu einer Ehe zwingen. Die bisher grosse Zahl an Ehehindernissen wurde auf die direkte Blutsverwandtschaft reduziert (vgl. Lev 18). Da die Ehe nun kein kirchliches «Sakrament» mehr war, sondern eine vor Gott geschlossene, christlich-menschliche Angelegenheit, war nun auch die Ehescheidung möglich. Einerseits versuchte man, leichtfertige oder betrügerische Eheauflösungen zu verhindern, andererseits war es nun möglich, sich bei hoffnungslos zerrütteten Beziehungsverhältnissen scheiden zu lassen.

Auch für die Regelung von Moral und Sitte war das politisch-kirchlich gemischte, lokale Gremium des «Ehegerichts» zuständig. Die Problemfelder waren altbekannt und reichten bis ins Mittelalter, ja in die Antike zurück: Öffentliches Fluchen, Geldspiel, provozierende Kleider, öffentliches Tanzen, übermässiger Alkoholkonsum und dessen Folgen, Verschwendung und Prunksucht gehörten zum traditionellen Katalog. Auch die Beurteilungskriterien und Strafen hatten oft eine lange, weit vor die Reformation zurückreichende Tradition und waren tief im gesellschaftlichen Empfinden darüber verankert, was ehrbar oder untolerierbar war und welche Konsequenzen dies haben sollte.

Idealbild der «Jungfrau von Zürich», aus «Die Frauenzimmer» von Jost Amman, 1586

Neben der Ersetzung der bischöflichen Gerichte durch eine eigene, lokale Instanz verschoben sich durch die Reformation manche «religiöse» Delikte, während andere sich wenig veränderten: Öffentliche Gotteslästerung wurde weiterhin streng bestraft, während Fleischessen zur Fastenzeit oder unziemliches Reden über die Jungfrau Maria keine Gefängnisstrafe mehr nach sich zogen. Dafür wurden nun Massnahmen ergriffen, um die Leute zum Gottesdienstbesuch anzuhalten und sie gleichzeitig am Besuch auswärtiger Messen zu hindern, sollten sie doch im wahren Glauben unterrichtet werden. Das Ineinandergreifen von rechtlicher Regelung und obrigkeitlich-paternalistischer Fürsorge und Erziehung war eine konfessionsunabhängige Selbstverständlichkeit der Zeit. Was «reformierte» Obrigkeiten auszeichnete, war wohl vor allem, dass man die bisherige oft schreiend grosse Diskrepanz zwischen längst geltenden Regeln und der Wirklichkeit zu verringern suchte, etwa auf dem Gebiet der Prostitution und Zuhälterei. Historische Anhaltspunkte für eine besondere Verschärfung der «Sittenzucht» oder für neue sittliche Regeln zu Zwinglis Lebzeiten lassen sich nicht so leicht finden. Dass sich mit dem Wegfall der bischöflichen Gerichte nun nicht mehr zwei Instanzen gegenüberstanden, die sich oft konkurrierten und neutralisierten, erleichterte allerdings die Durchsetzung der geltenden Normen, und die neue Situation führte naturgemäss in der ersten Zeit zu einer grösseren Dichte an Mandaten und Erlassen. Die neuen Verantwortlichkeiten mussten übernommen und bekannt gemacht werden.

Die Synoden und das «Hirtenamt»

Nicht nur der Mönchsstand, auch die traditionelle Hierarchie der geistlichen Ämter wurde im Zuge der Reformation vom Rat abgeschafft, was auch neue innerkirchliche Strukturen und ein neues Amtsverständnis erforderlich machte. Eine Neuerung von grosser wirkungsgeschichtlicher Bedeutung stellte dabei die synodale Neuorganisation der Kirchenleitung dar. Ein Mandat vom 8. April 1528 setzte fest, dass sich zweimal jährlich alle Pfarrer, aber auch Vertreter aus den Gemeinden in Stadt und Land, zu einer Aussprache versammeln sollten. Um der langfristigen Sicherung der Verkündigung des göttlichen Wortes willen und zur Vermeidung von «Ärgernissen» sollten Probleme beraten und Differenzen bereinigt werden. Daraus entwickelte sich die Einrichtung einer regelmässigen Synode, Kernmerkmal jeder «reformierten» Kirche. Die über lange Zeit hin in Geltung stehende Zürcher *Synodalordnung* wurde 1532, ein Jahr nach Zwinglis Tod, unter Heinrich Bullinger verfasst (EAk Nr. 1899). Sie sah eine Zusammenkunft aller Pfarrer, ergänzt durch Delegierte aus den Räten vor, die jeweils im Frühjahr und im Herbst stattfinden sollte. Unter der gemeinsamen Leitung eines Bürgermeisters und des Ersten Pfarrers, des «Antistes», behandelte sie vornehmlich Fragen der Amtsführung und des sittlichen Lebens der Pfarrer. Auch die Prüfung der Pfarramtskandidaten und die Amtseinsetzung wurden als gemeinsame Aufgabe der Obrigkeit und der Kirche wahrgenommen. Damit war allerdings bereits ein Schritt über Zwingli hinaus getan, der nur ansatzweise eine kirchliche Ämterlehre entwickeln konnte. Ausgangspunkt für Zwinglis Verständnis des kirchlichen Amtes war seine kritische Durchleuchtung des bisherigen «Bischofsamtes» von den biblischen Texten her, verbunden mit dem Bild einer lebendigen, «charismatischen» Gemeinde, wie es besonders in den Korintherbriefen des Paulus begegnet. Zwei Grundgedanken ergaben sich ihm daraus: «Bischof» im eigentlichen Sinn kann nur Christus selber sein. Er allein ist nach Joh 10 der «wahre Hirte», dem alle Christen als «Herde» gegenüberstehen. Das Bild ist ernst zu nehmen: Zwischenglieder kann es nicht geben. Diese «Herde» (oder eben: «Leib») ist die Kirche, die als lokale Kirche und konkrete menschliche Gemeinschaft einer gewissen Struktur bedarf. Diese Struktur aber gibt sie sich selber, in bleibender Verantwortung gegenüber ihrem «wahren Hirten». Sie ist es, die Ämter festlegt und Menschen in solche, also in bestimmte Aufgaben und Funktionen beruft – und sie auch wieder aus ihnen entlassen kann. In Zwinglis Verständnis des kirchlichen Amtes ist auch eine Mehrämterlehre, wie sie in Strassburg Martin Bucer und in Genf Johannes Calvin entwickelt haben, angelegt. Entscheidend für Zwingli sind nicht konkrete Ämterprofile oder Amtsbezeichnungen, sondern die Wahrnehung der zweifachen Aufgabe, die er im biblisch richtig verstandenen «Hirtenamt» zusammengefasst sieht: Einerseits das Amt der «Wächter» – Zwingli kann es mit den «Zunftmeistern» einer Stadt vergleichen (ZS I, 279), die ohne Menschenfurcht Unrecht, Machtmissbrauch und Sünde sowohl im Blick auf die Machthaber wie auf das Volk beim Namen nennen (sollen). Damit ist schon das zweite Amt in Sicht: das

Amt des «Propheten», der die Gemeinde unablässig und unter Einsatz seines eigenen Lebens an das – befreiende und heilsame, aber auch drohende und weisende – göttliche Wort erinnert. In seiner Schrift mit dem Titel *Der Hirt* (ZS I, 249–313) vom März 1524, die auf eine Predigt zurückgeht, die Zwingli am 28. Oktober 1523, am letzten Tag der Zweiten Disputation gehalten hatte, erläutert er dessen Aufgabe aus den biblischen Texten heraus: Das Hirtenamt innerhalb der Herde Christi wahrzunehmen besteht zunächst in Kreuzesnachfolge, Selbstverleugnung und uneingeschränktem Vertrauen auf Gott allein. Es besteht weiter in der unerschrockenen prophetischen Predigt im Anschluss an die biblischen Propheten mit der Bereitschaft zum Märtyrertum und dies alles erfüllt von Liebe zu Gott – und damit zu den Menschen. Zwingli gibt hier zugleich einen eindrücklichen Blick frei auf sein Selbstverständnis als Zürcher Reformator. Ein «Diener am göttlichen Wort» steht ganz *unter* diesem und ist ihm zugleich unbedingt verpflichtet. Seine Würde besteht darin, dessen «Bote» zu sein, und er überlässt es allein Christus, das «priesterliche Amt» wahrzunehmen (ZS II, 480; III, 331).

Das «Lectorium»

Die zentrale Bedeutung der Bibel ist der Grund dafür, dass die Reformation wesentlich eine Bibel- und damit verbunden auch eine Bildungsbewegung wurde. Dies gilt für die Zürcher Reformation noch einmal in besonderem Masse. Nach der Umgestaltung des Grossmünster-Chorherrenstifts am 29. September 1523 wurde ein Teil von dessen Einkünften zur Förderung des höheren Schulwesens verwendet und damit vor allem für die Einrichtung, die man als das institutionelle Herz der Zwinglischen Reformation ansehen muss: das 1525 eröffnete «Lectorium», später «Prophezei» genannt. Fünfmal wöchentlich versammelten sich im Chor des Grossmünsters die Geist-

Die gantze Bibel

der vrsprünglichē Ebraischen vnd Griechischen waarheyt nach/ auffs aller treüwlichest verteütschet.

Getruckt zů Zürich bey Christoffel Froschouer/ im Jar als man zalt
M. D. XXXI.

lichen der Stadt, aber auch höhere Lateinschüler und Gäste, um einer gemeinsamen Bibelauslegung beizuwohnen (vgl. HBRG I, 290f.). Nach einem Eröffnungsgebet, der Bitte um den göttlichen Geist (Z IV, 365), legte der Hebräischdozent eine alttestamentliche Stelle aus, dann kam Zwingli die Rolle zu, denselben Text in der griechischen Septuagintaversion zu kommentieren und schliesslich wurden die lateinisch vorgetragenen exegetischen Erkenntnisse in einer deutschen Zusammenfassung durch einen Prädikanten dem Volk in verständlicher Weise mitgeteilt. Damit war der Keim der Zürcher «Hohen Schule» gelegt, die sich mit einigem Erfolg bemühte, möglichst fachkundige Hebraisten und Exegeten nach Zürich zu holen. Der lateinische mönchische Chorgesang wurde ersetzt durch die «prophetische» Wortverkündigung in deutscher Sprache, aber aus den hebräischen Quellen heraus, um so den Einzelnen wie die Gesellschaft als Ganzes «nach Gottes Wort» umzugestalten. Während man im Grossmünster das Alte Testament auslegte, widmete man sich in der parallelen Einrichtung im Fraumünster den neutestamentlichen Texten.

Die Gründung des «Lectoriums» macht das allgemeine Ziel der Reformation institutionell sichtbar: Die Durchdringung und Prägung der gesamten Gesellschaft durch das in der Bibel zu findende göttliche Wort. Im Rahmen seiner Nachfolgeorganisation, der Zürcher «Hohen Schule», entstanden zahllose Bibelübersetzungen und Bibelkommentare, sowohl für Gelehrte wie für das Volk. Die berühmte «Froschauer Bibel», der verschiedene Teilausgaben vorangegangen waren, erschien 1531 als erste vollständige Bibelübersetzung der Reformation. Sie ist als Gemeinschaftswerk keine «Zwinglibibel», sondern eben eine *Zürcher Bibel* – und darin typisch für den Zürcher Reformator. Zahlreiche kolorierte Holzschnitte von Hans Holbein dem Jüngeren illustrierten nicht nur biblische Szenen, sondern schreckten auch vor der Darstellung Gottes selber in Menschengestalt nicht zurück. Solche bildlichen Darstellungen wurden von religiösen Kultbildern, wie sie in Kirchen zu Verehrungszwecken aufgestellt und in

Prozessionen umhergetragen wurden, deutlich unterschieden. Die reformierte «Bilderfeindlichkeit» ist Kultbilderfeindlichkeit und hat bilderfreie Abendmahlstische zur Folge, nicht bilderfreie Städte oder Bibeln.

Um die Bibel in der ursprünglichen Sprache lesen und interpretieren zu können, sind allerdings sprachlich-philologische Fähigkeiten und Kenntnisse anderer antiker, auch «heidnischer» Literatur erforderlich. Zwinglis Bibelbewegung war gleichzeitig eine (humanistische) Bildungsbewegung. Nicht zufällig sorgte sein Nachfolger Heinrich Bullinger dafür, dass Gelehrte von höchstem europäischem Niveau an der Zürcher «Hohen Schule» angestellt wurden. Sie wurde zum Prototypen reformierter Akademien in Europa.

Das Nachtmahl als Feier der Gegenwart Christi

Im Unterschied zur Entfernung der Bilder liess die Reform der Messe länger auf sich warten. Erst im Frühjahr 1525, nach einer Periode weiterer Konflikte, stimmte der Rat einem Liturgieentwurf Zwinglis zu – nicht ohne ihn zu verändern , so dass vor Ostern 1525 erstmals in Zürich ein «reformiertes» Abendmahl gefeiert werden konnte. Schon der Titel dieses Entwurfs, der am 6. April im Druck erschien, ist sprechend: *Aktion und Brauch des Nachtmahls* (Z V, 13–24). Bereits in den *Artikeln* von 1523 hatte Zwingli ja bestritten, dass die Messe ein «Opfer» sein könne: Da Christus am Kreuz die Versöhnung des Menschen mit Gott vollständig geleistet hat, kann es im Abendmahl nur um eine «Vergegenwärtigung» dieser Versöhnung, um eine erneute «Zusicherung der Erlösung» zur Stärkung des Glaubens gehen – dies allerdings durchaus, und das ist nicht wenig. Die Gestaltung des Abendmahls hat sich aber am letzten Mahl zu orientieren, das Jesus mit den Jüngern «in der Nacht, da er verraten wurde» (1Kor 11,23), gefeiert hatte: Es ist ein «Nachtmahl» und soll gemäss Zwingli als

Gemeinschaftsmahl der Gemeinde mit Christus selbst gefeiert werden. Wie im Gleichnis vom Gastmahl Menschen von überall her an den Tisch des Königs gerufen werden (vgl. Mt 22 und Lk 14), versammelt sich die Gemeinde um den «Tisch des Herrn», um von dort Brot und Wein zu empfangen und zu teilen. Der Pfarrer steht nicht mehr in einer symbolischen Mittlerstellung zwischen einem Altar und der Gemeinde, sondern leitet die Feier des Nachtmahls als Glied der um den Tisch versammelten Gemeinschaft. Brot und Wein werden nicht einfach von ihm ausgeteilt, sondern in der Gemeinde herumgereicht. Zwingli begründet diesen im zeitgenössischen Kontext revolutionären Schritt damit, dass das Weiterreichen des Brotes auch der Versöhnung von möglicherweise zerstrittenen Nachbarn dienen könne (vgl. ZS IV, 320). Ein für Zwingli charakteristischer Gedanke: Die «vertikale» Dimension der individuellen Gottesbeziehung und die «horizontale» Dimension der menschlichen Sozialbeziehungen gehören für ihn aufs Engste zusammen. Entsprechend sollen nach ihm auch nicht nur die «Einsetzungsworte» zum Abendmahl aus dem Neuen Testament verlesen werden, sondern der ganze Zusammenhang, wie ihn Paulus in 1Kor 11,20–29 herstellt, wo das solidarische oder unsolidarische Verhalten innerhalb der christlichen Gemeinde eine Bedeutung für eine rechtmässige Feier des Abendmahls besitzt. Diese Gemeindefeier ist gleichsam in das göttliche Wort eingebettet: Unmittelbar vor oder gar während der Austeilung von Brot und Wein soll von der Kanzel herab aus dem Johannesevangelium Kapitel 6 vorgelesen werden, wo Christus sich selber als das wahre «Brot des Lebens» bezeichnet und die Menschen zu sich ruft. Es geht um die Teilhabe an dieser «geistlichen» Speise und dies wird durch das leibliche Essen zeichenhaft dargestellt.

«*Essen* meint *glauben*», hatte schon Augustin formuliert. Die feiernde Gemeinde ist damit aufgefordert, ihren Sinn nicht auf die sichtbaren Elemente Brot und Wein zu richten und von ihnen Glaubensgewissheit zu erwarten, sondern auf den unsichtbaren Christus, der

Aktion oder Brauch des Nachtmahls, Titelblatt, Froschauer 1525

versprochen hat, in ihrer Mitte als der in seinem Namen versammelten Gemeinde gegenwärtig zu sein (Mt 18,20), im (Heiligen) Geist, nicht im Brot, aber zur Stärkung des Glaubens. Oft schon wurde Zwinglis Abendmahlslehre als ein blosses «Erinnerungsmahl» bezeichnet und damit suggeriert, dass nach ihm Christus dort eigentlich abwesend sei. Die Polemik geht auf Luther zurück. Zwingli selber sah dies deutlich anders:

> «Wir glauben, dass Christus beim Abendmahl wahrhaftig anwesend ist; ja wir glauben nicht einmal, dass es ein Abendmahl sei, wenn nicht Christus gegenwärtig ist … wir glauben, dass der wahre Leib Christi beim Abendmahl sakramental und geistlich gegessen wird» (ZS IV, 313.315).

Zwinglis Abendmahlslehre ist auch eine Konsequenz seines Verständnisses der göttlichen Gegenwart. Gottes Geist – als Geist des dreieinigen Gottes ist er auch der Geist Christi – erfüllt die ganze Welt, und ist nicht an bestimmte Riten oder Orte gebunden. Er ist dort in besonderer Weise als Geist Christi gegenwärtig, wo Menschen Gott so anrufen, wie er angerufen werden will: «nicht an einem Ort lieber als an einem andern ... an allen Orten, wo er im Geist und in der Wahrheit angerufen wird, sagt er: ‹Da bin ich!›» (ZS II, 397). Es ist ein Gottesverständnis nicht ohne revolutionäres Potenzial für die damalige Frömmigkeit und für das gesamte Weltverständnis der Zeit.

«Sehen wir nicht mit Schaudern, dass heutzutage überall Bosheit herrscht? Wenn sich nun jetzt inmitten aller Bosheit das Wort Gottes neu auftut, erkennen wir nicht, dass hier Gott selbst am Werk ist, der nicht will, dass sein Geschöpf, das er erkauft und mit seinem eigenen Blut erworben hat, geradezu massenweise jämmerlich zugrunde geht? Wenn der, der mit der Verkündigung des göttlichen Wortes beauftragt ist, vor dieser Aufgabe zurückschreckt, wird er für die, die verloren gehen, Rechenschaft ablegen müssen, denn er hat das Gericht kommen sehen, und hat nicht davor gewarnt. Wenn er aber dem Hochmut der Zeit Widerstand leistet, wird er von der Welt verstossen, geschmäht, verachtet, ja getötet werden» (Z I, 393f.).

«Wenn Gott die Türangel bewegt, wird auch der Türbalken erschüttert»

Zwingli und die Reformation in der Eidgenossenschaft

Zwinglis politische Ziele für eine wahrhaft christliche Eidgenossenschaft

Nicht nur in Zürich, auch auf dem Feld der Eidgenossenschaft war Zwingli nicht Politiker, sondern blieb Prediger des Evangeliums – allerdings als ein um sein Volk besorgter, frühneuzeitlich-genossenschaftlich denkender «Eidgenosse»: Wo das Evangelium verkündet und gehört wird, davon war Zwingli überzeugt, würde es seine eigene Kraft entfalten und auch gesellschaftliche und politische Wirkungen haben. Diese waren nicht erst in zweiter Linie wichtig, sondern, angesichts der von Aberglauben, religiöser Heuchelei und Unrecht geprägten Eidgenossenschaft, auch vor Gott vordringlich. Entsprechend war es Zwinglis erstes politisches Ziel, zu erreichen, dass das «göttliche Wort» auf dem ganzen Gebiet der Eidgenossenschaft gepredigt und gehört werden durfte.

Das zweite Ziel war ein sehr konkretes aussenpolitisches Anliegen mit innenpolitischen Konsequenzen und ging schon auf Zwinglis Zeit in Glarus zurück: Der Zürcher Reformator wollte die Kriegernation Schweiz auf den Weg des Friedens führen. Es sollte zugleich der Weg zurück in die politische Unabhängigkeit sein und nicht nur dem göttlichen Wort, sondern auch der Tradition der alten Eidgenossenschaft entsprechen. Darf sich ein Volk christlich nennen, wenn es das göttliche Verbot des Mordens derart missachtet, dass es geradezu seinen Lebensunterhalt mit Gewalt, Tod und Zerstörung in ausländischen Diensten verdient? Der erste, unübersehbar deutlich zutage liegende politisch-moralische Missstand war der Export von Kriegern. In seinen Augen bereicherte sich eine kleine, oligarchisch regierende Führungsschicht damit, dass sie durch Armut oder Abenteuerlust motivierte junge Männer zum Töten und Rauben in andere Länder schickte. Es waren «Blutverkäufer», die ihren «Eigennutz» über den «Gemeinnutz» stellten, nach Zwingli die typische soziale Sünde, während sie «den entstehenden Schaden der Allgemeinheit überlassen» (ZS I, 89).

Die Gottesbeziehung eines Volkes und seine politischen Entscheidungen waren in Zwinglis Augen nicht zu trennen. Wo man Letztere nicht in Frage zu stellen bereit war, stellte dies ein ernsthaftes Hindernis für Erstere dar. Zwingli sah sich als Verkündiger des göttlichen Wortes beauftragt, als Glied der Eidgenossenschaft seinen Volksgenossen im Stil der alttestamentlichen Gerichtspropheten ihr Unrechttun vor Augen zu halten: «Ein jeder soll sich einmal in die Kriegssituation versetzen und sich vorstellen, dass mit ihm umgegangen würde, wie er mit anderen Menschen umgeht» (ZS I, 89). Von der freien Predigt in allen eidgenössischen Orten erhoffte sich der Reformator die Einsicht in diese gleichsam staatlich organisierte und mit wirtschaftlichen Argumenten legitimierte Sünde in der breiteren Bevölkerung.

Die Eidgenossenschaft, die Zwingli im Blick hatte, war politisch ein komplexes Gebilde. Sie bestand zunächst aus den dreizehn alten «Orten» Uri, Schwyz, Ob- und Nidwalden, Glarus, Zug, Luzern, Zürich, Bern, Freiburg, Solothurn, Basel, Schaffhausen und Appenzell; von Landamman und Räten regierte Landorte die einen, Zunft- und Patrizierstädte mit Bürgermeistern und Räten, aber auch mit Landvögten zur Verwaltung ihrer ländlichen Untertanengebiete die anderen. Zusammengehalten wurden die eidgenössischen Orte durch ein Geflecht von «Bündnissen», die regelmässig mit einem Eid erneuert wurden. In der Bezeichnung «Eidgenossenschaft» spiegelt sich dieses System wieder. Obwohl es dabei nicht um «geistliche», sondern um «weltliche» Angelegenheiten ging, wurden diese «Bünde» gemeinsam vor Gott und «zu den Heiligen» geschworen. Damit waren sie weit mehr als juristische Verträge im modernen Sinn. Sie besassen einen stark religiös gefüllten Selbstverpflichtungscharakter, der bei Nichteinhaltung eine Form der Selbstverfluchung vor Gott einschloss. Eine mit der Reformation einsetzende politische Grundlagenkrise, für die man kein Lösungsinstrument besass, weil es sie so noch nie gegeben hatte, war unter diesen Voraussetzungen unvermeidlich. Zwingli und mit ihm Zürich sahen im Hören auf das göttliche Wort die

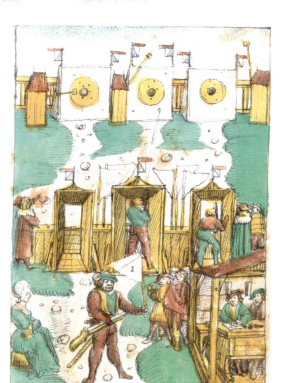

Das grosse Freischiessen in Zürich 1504, aus der Chronik des Gerold Edlibach. Das Freischiessen, mit dem sich die Stadt Zürich als Vorort proflilierte, wurde zum letzten grossen Volksfest der alten Eidgenossenschaft vor der Glaubensspaltung.

notwendige Erneuerung der Eidgenossenschaft aufgrund einer Rückbesinnung. Sie sollte ihrer Selbstbezeichnung als «christlich» wieder gerechter werden. Dazu gehörte auch die Ablehnung der unbiblischen Heiligenverehrung, was die «Inneren Orte» (so die Bezeichnung für die vehement am «alten Glauben» festhaltenden Orte Luzern, Uri, Schwyz, Unterwalden und Zug) als Bruch mit der gemeinsamen Basis aller Bünde, dem Eid bei den Heiligen, empfanden. Entsprechend beschlossen sie schon Ende 1525, «denjenigen, die vom alten christlichen Glauben abgefallen sind, nicht zu schwören» (EA 4, 1a S. 810).

Die alle Orte verbindende Einrichtung war die regelmässig stattfindende «Tagsatzung». Hier wurden Fragen der Verwaltung der gemeinsam regierten «Gemeinen Herrschaften» verhandelt: Baden, die

Freien Ämter, Thurgau, Sargans, das Rheintal und das Tessin. In der Regel stellten die verwaltenden Orte in einem festen Turnus für je zwei Jahre den Landvogt, der für die Rechtsordnung und Strafverfolgung, aber auch das Eintreiben der Zinsen zuständig war. Einen jeweils besonderen Rechtsstatus hatten zudem die unter der «Schirmhoheit» eidgenössischer Orte stehenden «Zugewandten Orte». Dazu gehörten die Stadt und die sie umgebende, vom Toggenburg bis an den Bodensee reichende Fürstabtei St. Gallen. Ihre Äbte liessen sich auch nach der faktischen Loslösung der Eidgenossenschaft vom Deutschen Reich 1499 ihre Rechte vom deutschen Kaiser verleihen, wurden in ihrer Regierungsmacht aber faktisch durch einen «Verwalter» eingeschränkt, der abwechselnd aus einem der eidgenössischen Orte stammte. Die Drei Bünde (der spätere Kanton Graubünden), das Wallis und die Stadt Mühlhausen hatten einen ähnlichen Status. Regelmässig hielten sich auf der Tagsatzung Botschafter der umliegenden Grossmächte auf, um über Söldnerverträge und (oft) ausstehende Zahlungen ihrer Könige und Fürsten zu verhandeln.

Ausbreitung der Reformation und Widerstand gegen die «Zwinglische Ketzerei»

Der Beginn der 1520er-Jahre gab durchaus zu Hoffnungen Anlass, dass das «Evangelium» die ganze Eidgenossenschaft erreichen und prägen würde, fanden doch Zwinglis Gedanken vielerorts schnell Anhänger und Sympathisanten. Auf dem Land und in den «Gemeinen Herrschaften» beschlossen ganze Ortschaften und Gemeinden, sich der Reformation anzuschliessen. Besonders strahlte die Zürcher Reformation auf die an Zürich angrenzenden Gebiete und die Ost- und Nordostschweiz aus, traditionell eine Einflusssphäre Zürichs. In der Stadt St. Gallen wurden 1526 nach der Wahl Joachim Vadians, des ehemaligen Rektors der Wiener Universität und Freundes Zwinglis, zum Bürgermeister die Bilder aus den Kirchen entfernt und ein Jahr später das erste Abendmahl gefeiert. Ebenfalls schrittweise und in regional unterschiedlichen Varianten vollzog sich der Anschluss an die Reformation in anderen Landschaften und Orten, so in Appenzell, in Schaffhausen, im Toggenburg, aber auch in Waldshut.

Den entscheidenden politischen Durchbruch der Reformation in der Eidgenossenschaft stellte der Übertritt der regionalen militärischen Grossmacht Bern ins reformierte Lager dar. Nach langen internen Debatten und Volksbefragungen wurde hier im Januar 1528 eine Disputation nach Zürcher Vorbild durchgeführt, an der etwa 350 Berner Pfarrer und eine grosse Anzahl Besucher teilnahmen, darunter der Basler Reformator Johannes Oekolampad, der St. Galler Reformator Joachim Vadian, der Konstanzer Reformator Ambrosius Blarer, der Nürnberger Reformator Andreas Althamer und die Strassburger Reformatoren Martin Bucer und Wolfgang Capito. Zwingli war in Begleitung des Zürcher Bürgermeisters Markus Röist, bewacht von einer militärischen Schutztruppe, nach Bern gereist. Die von den Berner Pfarrern Berchtold Haller und Franz Kolb formulierte Thesenreihe war ganz im Geist der Zwinglischen Theologie verfasst und wurde von Zwinglis Freund und Schüler Wilhelm Farel, dem späteren Reformator Genfs, ins Französische übersetzt. Die berühmte erste These lautet: «Die heilige christliche Kirche, deren alleiniges Haupt Christus ist, ist aus dem Wort Gottes geboren. Darin bleibt sie und hört nicht auf die Stimme eines Fremden.» Nach Bern wandten sich eine Reihe weiterer Orte der Reformation zu, so Biel, Basel und Mühlhausen. Die Berner Eroberung der Waadt 1536 erlaubte schliesslich die Reformation in der Westschweiz und in Genf.

Bereits wenige Monate nach dem Zürcher Fastenbruch im Frühjahr 1522 hatte vor allem in den innerschweizerischen Orten die Einsicht zu wachsen begonnen, dass sich in Zürich eine «Zwinglische Ketzerei» anbahnte, im Grunde identisch mit der «lutherischen», zu deren

Ausrottung ja schon der Reichstag von Worms 1521 aufgerufen hatte. Nach entsprechenden Klagen und Forderungen des Bischofs von Konstanz hatte die Tagsatzung schon im November 1522 alle Vögte aufgerufen, ihr die Priester zu melden, die in den von ihnen regierten «Gemeinen Herrschaften», «wider den Glauben predigten». An der Fastnacht 1523, kurz nach der Ersten Zürcher Disputation, wurde in Luzern Zwinglis Bild öffentlich verbrannt. Ein Tagsatzungsbeschluss vom Juli 1523 erliess einen Haftbefehl gegen Zwingli auf dem Gebiet der «Gemeinen Herrschaften». Auch diese neuartigen religiösen Delikte wurden unter das «Blutgericht» gestellt.

Der fortschreitende Erfolg der Reformationsbewegung auch in den Untertanengebieten nötigte besonders die fünf Inneren Orte, später unterstützt durch Freiburg (und Solothurn), als Beschützer des alten Glaubens aufzutreten und damit untrennbar verbunden als Beschützer der «herkömmlichen», bestehenden politischen Ordnung auf dem ganzen Gebiet der Eidgenossenschaft. Dass sich auf dem Land oft Bilderentfernungen und Priesterhochzeiten mit der Verweigerung des Zehnten verbanden, bestätigte den Eindruck, dass es hier um politischen «Aufruhr» von Untertanen ging. Zudem schmolz der politische Einfluss der bevölkerungsmässig eher kleinen Orte der Innerschweiz in der Eidgenossenschaft durch die Ausbreitung der Reformation beständig, trotz der unangefochtenen Stimmenmehrheit an der Tagsatzung.

Sie standen damit im oberdeutschen Raum nicht allein. Im Juli 1524 hatten sich in Regensburg auf Einladung des österreichischen Erzherzog Ferdinand I. und des päpstlichen Legaten Lorenzo Campeggi die wichtigsten politischen und geistlichen Fürsten aus dem süddeutschen, bayerischen und österreichischen Raum zur Verteidigung des alten Glaubens zusammengefunden. Ziel war es, den Bestimmungen des Wormser Edikts von 1521, der Unterdrückung der Reformation, in ihrem Einflussbereich Geltung zu verschaffen. Auch die Bistümer Basel und Konstanz waren durch Gesandte vertreten.

Damit hatten die altgläubigen Orte der Innerschweiz europäische politisch-kirchliche Rückendeckung, um auch auf eidgenössischem Gebiet in die Offensive gehen zu können. Nachdem bereits Anfang 1524 die Drohung laut geworden war, Zürich «mit Krieg zu überziehen» (EA 4, 1a S. 356.361), beschlossen sie in einem besonderen Bündnis am 8. April 1524 in Beckenried, «die lutherische, zwinglische ... irrige, verkehrte Lehre in allen ihren Gebieten auszureuten ... und niederzudrücken, soweit ihr Vermögen gehe» (EA 4, 1a S. 411). An der Tagsatzung in Baden vom August 1524 wurden mit dem dort anwesenden Kaiserlichen Sekretär konkrete Schritte besprochen.

Was die Gemeinen Herrschaften angeht, die gerade unter einem innerschweizerischen Vogt standen, waren exemplarische Schritte bereits geschehen. Nachdem der Bischof von Konstanz alle seine geistlichen Untertanen zur Denunziation aller Anhänger der Reformation verpflichtet hatte, wurde der Leutpriester von Fislisbach, Hans Urban Wyss, der öffentlich die Anrufung der Heiligen verweigert hatte, dem bischöflichen Gericht in Konstanz überführt, dies, obwohl sich seine Gemeinde mit ihm und seiner Lehre solidarisiert hatte (vgl. HBRG I, 80; Z VIII, 35). Der Zürcher Klaus Hottinger wurde auf dem Gebiet der Gemeinen Herrschaft Baden vom Luzerner Landvogt festgenommen und an der Tagsatzung in Luzern vom März 1524, trotz Einsprache Zürichs und in Verletzung des geltenden germanischen Rechts, enthauptet (HBRG I, 147–151).

Als Beispiel für die ebenso komplexe wie angespannte Lage mag der bereits erwähnte «Ittinger Handel» dienen. Bei religiös-politischen Unruhen in Stammheim, das zur Gemeinen Herrschaft Thurgau gehörte, fanden im Juni 1524 Bilderentfernungen aus der Kirche statt. Die Tagsatzung unter Ausschluss Zürichs beschloss daraufhin die Gefangennahme des Pfarrers von Burg bei Stein am Rhein, der aufgrund seiner reformierten Predigt für den religiösen Volksaufstand verantwortlich gemacht wurde. In Reaktion auf dessen Gefangennahme durch den aus Schwyz stammenden Landvogt im Juli

1524, stürmte eine aufgebrachte bäuerliche Menge das benachbarte Kloster Ittingen, dem man zehntenpflichtig war, mit dessen Abt man aber schon lange im Streit stand, und setzte es schliesslich in Brand. Zürich war zwar bestrebt, die Reformation zu fördern und deren Akteure zu schützen. Doch ebenso war es daran interessiert, dass die Reformation nicht in einen politischen Aufstand umschlug. Nicht anders als die innerschweizerischen Orte sah es sich weiterhin auch verpflichtet, Recht und Ordnung zu schützen und Rechtsbruch zu ahnden. Nach einem rechtlichen Disput lieferte Zürich schliesslich vier für den Klostersturm verantwortlich gemachte Personen, davon zwei mit der «niederen» Gerichtsbarkeit betrauten Untervögte, Hans Wirth und Burckhard Reutimann, an die Tagsatzung aus unter der Bedingung, dass allein ihre Verantwortung für die Zerstörungsdelikte untersucht würde. Stattdessen wurde dort drei von ihnen ein Ketzerprozess gemacht, der am 28. September 1524 mit ihrer Hinrichtung endete (vgl. HBRG I, 175–205).

Die theologische Unterstützung für ihren Kampf für den alten Glauben erhielten die Inneren Orte durch die Badener Disputation von 1526. Eine Tagsatzung in Frauenfeld hatte für Pfingsten 1526 eine Glaubensdisputation in Baden beschlossen, auf der Zwingli mit führenden «römischen» Theologen disputieren sollte. Einer der bedeutenden theologischen Gegner Zwinglis war der ehemalige Konstanzer Bischofsvikar Johannes Faber. Er war bei der Ersten Zürcher Disputation als Beobachter anwesend gewesen und amtete seit 1524 als Beichtvater des Habsburgers und österreichischen Erzherzogs Ferdinand, des Bruders und Nachfolgers Kaiser Karls V. Der andere grosse Name war der aus Ingoldstadt stammende bayerische Theologe Johannes Eck, der bereits mit Luther disputiert hatte. Eine Woche vor Beginn der Disputation, am 10. Mai 1526, war auf Geheiss des Konstanzer Bischofs Hugo von Hohenlandenberg, der Zwingli zwanzig Jahre zuvor zum Priester geweiht hatte, der bekennende Zwinglianhänger Johannes Hügli als Zwinglischer Ketzer in Meersburg le-

Badener Disputation 1526. Späteres Bild aus der Reformationschronik von Bullinger/Haller (zwischen 1611 und 1614)

bendig verbrannt worden (HBRG I, 340). Weitere politische Umstände kamen erschwerend hinzu, so dass man Zwingli dringend von einem persönlichen Erscheinen in Baden abriet. An seiner Stelle stand der Basler Reformator Johannes Oekolampad an der Spitze der 31-köpfigen «zwinglianischen» Delegation, die, faktisch auf katholischem Territorium und entsprechend inszeniert, 87 Anhängern Ecks gegenüberstand. Die Schlussabstimmung entsprach in etwa den Anhängerzahlen und das Resultat der Disputation bestand in der gemeinsamen Willenskundgabe der neun altgläubigen Orte, gemäss dem Wormser Edikt und den Regensburger Beschlüssen die Reformierten als Ketzer zu verfolgen und zu bestrafen und sich dabei gegenseitig Hilfe zu leisten.

Der Blick nach Europa und das Marburger Religionsgespräch

Lateinische Bekenntnisschriften

Trotz seiner Konzentration auf die Eidgenossenschaft sah Zwingli die Ausbreitung der Reformation im gesamteuropäischen Horizont. Kontakte zu Frankreich stärkten in ihm die Hoffnung, dass sich die Reformation auch dort ausbreiten würde. Eine wichtige Frucht dieser Hoffnung ist Zwinglis *Entwurf über die wahre und falsche Religion* von 1525 (ZS III, 37–453). Es ist eine dem französischen König Franz I. gewidmete Schrift, die es erstmals unternimmt, seine Lehre in Latein, der europäischen Gelehrtensprache, umfassend darzulegen. Man hat dieses Buch nicht ohne Recht schon als erste reformierte «Dogmatik» bezeichnet. Zwingli hatte hier vor allem humanistisch Gebildete im Blick und knüpfte entsprechend an die Gedanken humanistischer Religionsphilosophie über die menschliche Selbst- und Gotteserkenntnis und die Stellung des Menschen vor Gott an. Wie immer ersparte er aber seiner Leserschaft und auch dem französischen König nicht die (religions-)kritische Konfrontation mit dem biblischen Gotteszeugnis, orientiert an Röm 1–3. Hatte der berühmte Renaissancephilosoph und Humanist Pico della Mirandola in seiner 1496 erstmals veröffentlichten Rede *Über die Würde des Menschen* (*De hominis dignitate*) den Menschen beschrieben als ein mit dem freien Willen zur Selbstgestaltung ausgestattetes, durch Wissenschaft und Moralität zu Gotteserkenntnis befähigtes ja auf Gott hinstrebendes Wesen, so formuliert der humanistische Zürcher Reformator: Zur Gotteserkenntnis ist der Mensch im selben Masse in der Lage wie ein Käfer zur Erkenntnis eines Menschen. Und Selbsterkenntnis zu erlangen, ist für den Menschen so schwierig wie einen Tintenfisch zu fangen, der sich beständig selbst verhüllt (ZS III, 58.75). Was den Menschen an beidem hindert, sind einmal die Grenzen seiner Geschöpflichkeit; mehr noch aber ist es sein falsch ausgerichteter Wille. Letztlich gibt es nur die Alternative zwischen «wahrer» und «falscher» Religion, und die «wahre» beginnt dort, wo auf Gottes «Wort», seine Anrede an den Menschen, gehört wird. Der französische Humanist Calvin liess später seine *Institutio* mit dem gleichen Gedankengang beginnen. Unter welcher Verheissung die von ihm erläuterte «wahre» Religion steht, fasste Zwingli am Ende in die Worte:

> «Ein Kampf ist ... das christliche Leben, scharf und gefährlich – wer zu kämpfen aufhört, tut es zu seinem eigenen Nachteil. Umgekehrt ist das Christenleben auch ein unaufhörlicher Sieg; wer hier kämpft, siegt, sofern er von Christus, dem Haupt, nicht abfällt» (ZS III, 450).

Zwei weitere, kurze Bekenntnisschriften können hier lediglich erwähnt werden. Der Reichstag von Augsburg, den Kaiser Karl V. 1530 einberief, war für die Reformation im Deutschen Reich eine Wegmarke, weniger aber für die Eidgenossenschaft. Immerhin gab er Zwingli Gelegenheit, in einer kurzen Bekenntnisschrift *Rechenschaft über den Glauben* (ZS IV, 99–133) zu geben. Die Schrift spielte am Reichstag, zu dem die Schweizer gar nicht eingeladen waren, keine Rolle. Sie erhielt aber trotzdem den Rang einer zentralen, knappen Zusammenfassung seines theologischen Denkens. Eine andere wichtige Zusammenfassung seines Glaubens entstand wenig später im Zusammenhang der Koalitionsverhandlungen mit Frankreich: Zwinglis *Erklärung des christlichen Glaubens* (ZS IV, 287–362) vom Frühjahr 1531. Hier formulierte er zuhanden des französischen Königs die Glaubensgrundlage des «christlichen Burgrechts».

Das Marburger Religionsgespräch

Im Deutschen Reich hatte Zwingli besonders in Landgraf Philipp von Hessen einen politisch gewichtigen Sympathisanten, mit dem Ende 1530 dann auch ein Schutzbündnis abgeschlossen werden konnte. Philipp war, angesichts der wachsenden europäischen Bedrohungslage gegen die «Protestanten», um die politische Bündelung der Kräfte bemüht. Entsprechend gross war sein Interesse an einer Einigung der oberdeutsch-schweizerischen mit der Wittenberger Reformation, was zur einzigen persönlichen Begegnung Zwinglis mit Luther am Marburger Religionsgespräch vom Oktober 1529 führte. Von seinem Freund, dem Basler Reformator Johannes Oekolampad, und vom Strassburger Reformator Martin Bucer begleitet, nahm Zwingli die gefährliche Reise auf sich und diskutierte unter Leitung des Landgrafen persönlich mit Luther und der Wittenberger Delegation über das rechte Verständnis des Abendmahls. Es war ein Gespräch, dem bereits ein umfangreicher schriftlicher Schlagabtausch vorangegangen war, und entsprechend waren keine neuen Argumente zu erwarten. Luther war nicht freiwillig angereist und ein Gespräch mit Argumenten, wie es der Humanist Zwingli auch über Bibeltexte zu führen gewohnt war, verweigerte er als menschliche «Mathematik». So blieb es letztlich bei der Wiederholung von bereits schriftlich geäusserten Positionen und die Parteien gingen ohne theologische Einigung in dieser Frage auseinander. Ja, mehr noch: Luther lehnte Zwinglis Angebot ab, sich trotzdem gegenseitig als Glaubensbrüder anzuerkennen, und tat in der Folge die Zürcher in den «Bann», d. h. wahre Christen durften keinen Kontakt mit ihnen haben. Dies war insofern tragisch, als Zwingli bereit gewesen war, alle anderen vierzehn Thesen, die Luther aufgestellt hatte, als eigene Glaubensartikel zu unterschreiben, obwohl er selber manches anders formuliert hätte. Auch Luther hatte nicht jegliches Entgegenkommen verweigert. Er hatte bestehende Vorurteile gegen Zwingli fallen lassen, und war bereit gewesen, die

Erwähnung des Heiligen Geistes, die Zwingli und seine oberdeutschen Begleiter in die schliesslich gemeinsam unterzeichneten Artikel noch eingefügt haben wollten, zu akzeptieren. Für Zwingli kam alles darauf an, dass auch in der Lehre von den «Sakramenten» deutlich wird, dass es wirklich Gott selber, also allein der von Christus gesendete Heilige Geist ist, der die Herzen der Menschen erleuchtet und so den Menschen durch den Glauben rechtfertigt – eigentlich ein mit Luther geteiltes, gemeinsames reformatorisches Anliegen, für das er auf Luthers eigene frühe Aussagen hinweisen konnte. In den Augen des Zürcher Reformators war Luthers Abendmahlslehre zu wenig konsequent biblisch abgestützt und nahm das «Christus allein» unzureichend ernst; der Wittenberger blicke noch zurück zu den «Fleischtöpfen Ägyptens», zum Sakramentalismus der römischen Kirche, wie er ihm vorwarf. Für seine eigene Sicht der Dinge argumentierte Zwingli vor allem mit der Bibel in ihrem Gesamtzusammenhang, und gelegentlich im Gelehrtenstreit auch unter Rückgriff auf Kirchenväter und «scholastische» Argumente, aber weniger im Geist der Polemik als mit Humor und Ironie. Auf Luthers Predigt gegen die «Erzschwärmer», «Rottengeister» und «Narren» antwortete er mit einer *Freundlichen Verunglimpfung* (1527) (ZS IV, 7–31). Zwingli war schon als Eidgenosse den Umgang mit einer gewissen Pluralität der Meinungen gewohnt und als humanistischer Bibelforscher waren ihm Diskussionen über Fragen der Bibelauslegung schon im eigenen Lager vertraut. Für ihn war das Gemeinsame mit dem Wittenberger Reformator, auch in der Abendmahlsfrage, zu gross für eine konfessionelle Trennung. Im Gegenteil: Nichts wäre ihm lieber gewesen als eine «brüderliche» Verbindung mit Luther, für den er trotz mancher Kritik stets Hochschätzung geäussert hat. Für die innerprotestantische Kirchenspaltung war nicht Zwingli verantwortlich. Sein Vorschlag war im Keim derjenige einer innerevangelischen «versöhnten Verschiedenheit».

Zwingli hielt bekanntlich gegen Luther daran fest, dass Jesu Worte «Dies *ist* mein Leib» nicht wörtlich-substanziell, sondern bildlich

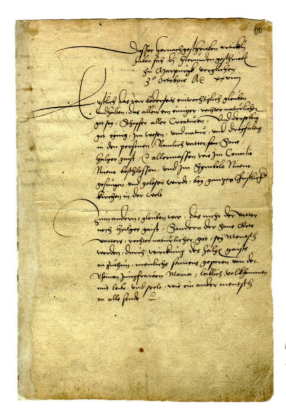

Marburger Religionsgespräch 1529, Auszug aus dem Protokoll

zu verstehen sind: Dies *bedeutet* oder *symbolisiert* meinen Leib. Es hat sich geradezu eingebürgert, Zwingli vorzuwerfen, er habe das Sakrament entwertet und zu einer blossen menschlichen Erinnerungsfeier an einen abwesenden Christus gemacht, und ebenso, er habe den Bibeltext umgedeutet, während Luther beim Bibelwort geblieben sei. Für Zwingli stellte sich die Sache anders dar, gerade weil er konsequent auf die Bibel bezogen bleiben wollte: Lässt sich die Bedeutung des «Sakraments», wie sie sich seit der Antike in der römischen Kirche entwickelt hat, vor den biblischen Texten rechtfertigen? Schon nur der Begriff des «Sakraments» ist nicht biblisch, sondern stammt aus der lateinischen Antike. Dass der Jude Jesus beim letzten Mahl mit seinen Jüngern, in den Evangelien als «Passahmahl» beschrieben,

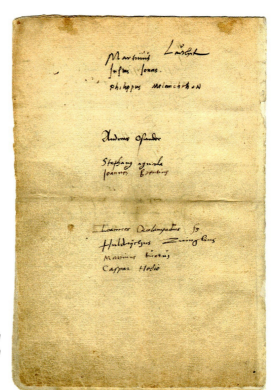

*Marburger Religionsgespräch
1529, Unterschriften*

ein «Sakrament des Altars» eingesetzt habe, schien ihm unplausibel. Schwingt nicht auch noch in Luthers Insistieren auf dem «ist», und damit der leiblichen Gegenwart Christi «in» Brot und Wein, etwas gar stark die Vorstellung einer Vereinigung des Menschen mit einer Kultgottheit, vollzogen in einem Mahl, mit? Das hebräisch-biblische Verständnis von Vergegenwärtigung Gottes ist demgegenüber (heils)geschichtlich-horizontal und bezogen auf erinnernde Erzählung: Durch «Erinnerung» an die Anfänge und Grundereignisse der göttlichen Befreiungs- und Heilsgeschichte wird die feiernde Gemeinde in ihrem ganzen Lebensvollzug und jeweils konkret im Vollzug der Feier in diese hineingenommen und blickt auf ihre Vollendung voraus: «Tut dies zu meinem Gedächtnis», sagt Jesus, «bis das Reich Gottes kommt» (vgl. Lk 22,16–19; 1Kor 11,23–26). In diesem Geschehen ist Christus nach Zwingli im Geist anwesend, wie er es in seinen «Abschiedsreden» (Joh 14–17) seinen Jüngern zugesagt hat: in freier Selbstvergegenwärtigung seiner Gottheit, nachdem er sie als irdischer Mensch verlassen hat.

Anlässlich seines Aufenthalts in Marburg im Oktober 1529 hielt Zwingli vor Philipp von Hessen eine Predigt *Über die Vorsehung* (ZS IV, 139–281). Sie erschien im Folgejahr als ausgearbeitete theologische Abhandlung im Druck. Sie stellt Gottes Vorsehungs- und Erwählungshandeln ins Zentrum, zunächst im Blick auf Gott selber und die ganze Schöpfung, dann mit Blick auf den glaubenden Christenmenschen. Sie tut dies unter Einbezug der Weltweisheit der antiken Philosophie und unter Anknüpfung an entsprechende Begriffe. Mehr implizit als explizit bleibt auch in dieser Schrift das biblische Gottes- und Christuszeugnis das Kriterium der Wahrheit. Nicht nur argumentiert Zwingli durchgehend mit biblischen Texten, auch seine eigenen zentralen theologischen Einsichten sind hier präsent. Als sekundäre Wahrheitszeugen hat Zwingli allerdings die Philosophen und Weltweisen durchaus anerkennen wollen, denn auch bei ihnen kann sich etwas von der *einen* göttlichen Wahrheit widerspiegeln. Von einer anderen theologischen Tradition als Luther geprägt, sah Zwingli zwischen Theologie und Philosophie, zwischen Glauben und Bemühen um denkendes Verstehen, keinen schroffen Gegensatz. Gewisse Aspekte von Gottes Selbstoffenbarung in seinem Wort können nach dem Zürcher Reformator und Humanisten in weisheitlicher Wahrnehmung der Schöpfung Bestätigung erfahren. Zugleich betont Zwingli in dieser Schrift Gottes Gegenwart in seiner Schöpfung: Nur weil Gott hier unablässig als gütiger Schöpfer am Werk ist, kann diese überhaupt bestehen: «Nicht nur der Mensch ist und lebt und webt alleine in Gott, sondern alles, was ist, ist und lebt und webt in ihm» (ZS IV, 165). So ist auch die Bestimmung des Menschen zum «Ebenbild Gottes» und damit zum «Austausch» und zur «Freundschaft» mit Gott, ja zur Gottesliebe, in der Schöpfung angelegt. Erkennbar wird Gottes erhaltende und heilsame Gegenwart aber für den Menschen erst dort, wo Gott selber spricht, und wo er dem Menschen Verstand und Sinne öffnet und ihm Glauben schenkt. Entsprechend umfangreich ist das Kapitel über Erwählung und Glauben ausgefallen (ZS IV, 206–243). Ziel der Argumentation ist die Stärkung der christlichen Gewissheit, dass «für die Erwählten alles zum Guten» (vgl. Röm 8,28) geschieht (ZS IV, 272).

Zwingli als Theologe der freien, die Menschen zu sich rufenden Güte Gottes

Das verborgene Wirken Gottes und seine Gegenwart in der Schöpfung hat für Zwingli keine Aufhebung der Differenz zwischen Schöpfer und Schöpfung zur Folge. Ganz im Gegenteil: Aus der Würdigung Gottes als Schöpfer ergibt sich für ihn der Kampf gegen jegliche Form von Kreaturvergötterung, denn wer sein Vertrauen auf ein Geschöpf setzt, misstraut damit dem Schöpfer (ZS IV, 43). Zwinglis Gottesverständnis ist tief geprägt von den Gotteszeugnissen der Bibel, schliesslich muss man «aus Gottes eigenem Mund lernen, was Gott ist» (ZS III, 59). Ausgangspunkt für den Zürcher Reformator sind hier die Selbstvorstellungen Gottes – die Offenbarung des Gottes*namens* – bei der Berufung des Abraham und des Mose (Gen 12 und 15; Ex 3), also zu Beginn der Geschichte Israels, die er mit der Menschwerdung Gottes in Christus verbindet. Zwingli entnimmt ihnen, dass sich Gott sowohl als *Quelle allen Seins* wie als *Quelle alles Guten* vorstellt (ZS III, 61). Entscheidend ist die Verbindung beider Aspekte: Als Schöpfer gibt sich Gott als *allgenugsam* («onmisufficientia») zu erkennen. *Güte* und *Liebe* sind nicht göttliche Eigenschaften unter anderen, sondern bezeichnen Gottes *Wesen*. Die Anerkennung Gottes als Gott ist damit letztlich keine göttliche Forderung an den Menschen, sondern eine gütige Einladung, dem zu vertrauen, der allein vertrauenswürdig und verlässlich ist.

Die vielen Konflikte in Zwinglis Leben lassen leicht in den Hintergrund geraten, dass Zwinglis Theologie zutiefst eine Theologie der göttlichen *Güte*, ja *Selbsthingabe* ist. Immer wieder betont er: Gott ist «unaufhörlich freigebig gegenüber denen, die er dazu geschaffen hat, dass sie seine Freigebigkeit geniessen». Er will geradezu «denen *gehören*, die von ihm geschaffen wurden» (ZS III, 69). Der Höhepunkt der göttlichen Güte aber ist das Christusereignis: Denn dort hat er sich als «unsere Versöhnung» und als «unser Versöhner» zugleich definiert (ZS III, 72). Er gibt sich dort *selbst*, und den Menschen *alles im Überfluss*. Gern charakterisiert Zwingli Gott als «überfliessendes Füllhorn» («copiae cornu», vgl. Z III, 654; VI. III, 177; XIV, 88). Erst auf diesem Hintergrund wird deutlich, wie sehr die Vergötzung der Welt nicht nur Gottes Liebeswillen widerspricht, sondern ein Durchtrennen der eigenen Lebensader bedeutet. Und zugleich wird verständlich, weshalb für Zwingli jedes Wort, das Gott spricht, *gut* ist – und deshalb «Evangelium» – und von denen, die von der göttlichen Liebe im Glauben erfasst sind, geliebt wird. Auch Gottes «Gesetz»: Es ist im hebräischen Sinn als hilfreiche «Weisung» zu verstehen (vgl. Ps 1), als gutes, das menschliche Leben ordnendes und förderndes göttliches Wort. Wenn der Mensch die Erfahrung macht, dass Gottes Gesetz ihn als Sünder überführt, und das ist auch nach Zwingli sehr wohl der Fall, dann liegt das nicht am Gesetz, sondern am Menschen.

Dass das Evangelium eine uneingeschränkt froh machende Botschaft ist, dass der Glaube «fröhlich und frei» macht, hat Zwingli stets betont: «Die Wahrheit hat ein fröhliches Angesicht» (ZS III, 321) und «eine fröhlichere Botschaft hat die ganze Welt noch nie vernommen und wird sie auch nie mehr vernehmen» (ZS II, 43; vgl. Z V, 726; Z VIII, 762f.). Entsprechend besteht der christliche Glaube für ihn letztlich in Dankbarkeit, Freude und Gottesliebe, er ist ein «Geschmack» der göttlichen Güte und ein «Angezogenwerden» durch Gott:

«Wer könnte den nicht lieben, der ihm seine Schuld gnädig vergibt, ihn zuerst zu lieben angefangen hat, und ihn zu sich zieht? Wo die Liebe Gottes ist, da ist Gott; denn Gott ist die Liebe selbst; und wer in der Liebe Gottes ist, der ist in Gott und Gott in ihm [1Joh 4,16]» (Z II, 642).

Der Weg in den militärischen Konflikt

«Die Grossen dieser Welt sind gerne bereit, die Predigt der Wahrheit zu dulden, solange man ihre Willkürherrschaft nicht an den Pranger stellt, und sie nichts dabei verlieren. Der Hirt aber lernt hier ein anderes, nämlich den König, den Regenten nicht zu schonen und zu sagen: ‹Man muss Gott mehr gehorchen als den Menschen› [Apg 5,29]» (ZS I, 271).

Die enge Verflechtung zwischen der religiösen, der wirtschaftlichen, der rechtlichen, der politischen und der kulturellen Ebene, verschiedene Dimensionen der einen, frühneuzeitlichen Gesellschaft, machte einen konfliktfreien Übergang vom «alten Glauben» zur Reformation im Grunde nahezu unmöglich. So kam die Forderung nach einem grundlegenden Umbau des kirchlichen und religiösen Lebens nicht nur mit dem geltenden Recht und «Herkommen» in Konflikt, sondern auch mit den bestehenden, kirchlichen wie politischen Machtstrukturen und den Interessen der Machthaber. Alle Herrscherhäuser legitimierten sich damit, «christlich» im Sinne des «alten Glaubens» zu sein und waren mit kirchlichen Institutionen und Ämtern personell, strukturell und finanziell in engster Weise verzahnt. Es ist gewiss kein Zufall, dass eine christliche Obrigkeit, wie auch immer sie konkret gestaltet war, nur dann für die Reformation auf ihrem Gebiet empfänglich war, wenn sie in ihr keine Gefährdung ihrer Macht fürchten musste, sondern deren Konsolidierung oder gar Ausbau erhoffen konnte.

Dies war in der kleinräumigen Eidgenossenschaft, wo Stadt- oder Landorte um die Erweiterung oder zumindest Erhaltung ihres Einflusses besorgt waren, nicht sehr viel anders als auf europäischer Ebene, wo «altgläubig-christliche» Fürstendynastien und Herrscherhäuser um ihre Macht zu bangen begannen. So war es nahezu unvermeidlich, dass die Verbreitung der Reformation zu gewaltsamen Unterdrückungsversuchen oder zu «Aufruhr» und somit zu kriegerischen Auseinandersetzungen führte.

Auf Reichsebene und dann in ganz Europa begannen die blutigen Konfessionskriege kurz nach Luthers Tod. Luther hatte als Angehöriger des «geistlichen Standes» für die von ihm erkannte Wahrheit sein Leben riskiert. Dass ihn sein Landesherr vor dem Scheiterhaufen rettete und ihm ermöglichte, sein Leben vor allem als Prediger, Hochschullehrer und Publizist zu verbringen, dafür konnte er wenig. Unter seinen Schriften finden sich bekanntlich Aufrufe zur gewaltsamen Niederschlagung der Bauernaufstände und zur Vertreibung der Juden ebenso wie eine Darlegung des göttlichen Rechts des «Kriegsamtes». Ohne all diese Schriften hinreichend in ihren Kontext eingeordnet zu haben, wird man Luthers Anliegen nur missverstehen können. Entsprechendes gilt für den Reformator Zwingli, der allerdings in einem ganz anderen Umfeld zu wirken hatte. Als die europäischen Religionskonflikte begannen, waren sie auf dem Boden der Eidgenossenschaft längst beendet. Die Schweizer Reformation spielte auch diesbezüglich eine Vorreiterrolle. Sie tat dies unter ihren spezifischen politischen und «mentalitätsgeschichtlichen» Bedingungen, unter denen auch der Zürcher Reformator stand. Ein wesentlicher Faktor war hier das tief verwurzelte, gesamteidgenössische Solidaritätsempfinden, das dazu führte, dass sich jede konfessionelle Konfliktpartei für die ganze Eidgenossenschaft verantwortlich fühlte – und damit auch in besonderer Weise für die «Bestrafung» von «Bündnisbrechern». Dazu kam die enge Verflechtung der Bündnisorte im Blick auf innereidgenössische Herrschaftsverhältnisse, Rechtsansprüche und die damit verbundenen Schutzverpflichtungen für die gemeinsam regierten «Gemeinen Herrschaften» und «Zugewandten Orte». Ein Unterschied zu den Fürstentümern im Deutschen Reich war zudem die verhältnismässig wenig akzentuierte Ständeabgrenzung. Die politische Führungsschicht war mit der Bürger- und Einwohnerschaft eng verzahnt und musste in ihren Entscheidungen auf sie, auch auf die «Untertanen» auf dem Land, Rücksicht nehmen. Einen spezifischen Stand der «Kriegsleute» gab es in der Eidgenossenschaft nicht. Dafür bildete die Schiess- und Fechtkunst ein wichtiges Bildungselement der männlichen Jugend bereits seit dem 14. Jahrhundert. Grundsätzlich musste jeder Eidgenosse für den Kriegsfall gerüstet sein. Der erst im Entstehen begriffene «Beruf» des reformierten Pfarrers war davon nicht ausgenommen. Nur auf diesem Hintergrund sind die Kappeler Kriege und das Mitwirken der Pfarrerschaft zu verstehen.

Der Erste Kappeler Krieg

In diesem zunehmend konfliktgeladenen politischen Klima gab der Umgang mit Dörfern und Landstrichen in den Gemeinen Herrschaften, die zur Reformation übergegangen waren und nun Zürich als Schutzmacht anriefen, den konkreten Anlass zur Mobilisierung von Truppen. So ging es Zwingli im Ersten Kappeler Krieg vor allem darum, die zum reformierten Glauben übergetretene Bevölkerung des Freiamts zu schützen. Nachdem Unterwalden aufständische altgläubge Bauern im Berner Oberland mit Truppen unterstützt hatte, was einem Rechtsbruch gegenüber dem Stanser Verkommnis von 1481 gleichkam, stellte sich die Frage der innereidgenössischen «Bestrafung» bzw. der «Genugtuung», was ein zähes diplomatisches Ringen nach sich zog. Als zur selben Zeit turnusgemäss ein Unterwaldner Landvogt sein Amt in der Gemeinen Herrschaft Baden antreten sollte, stand die gewaltsame Unterdrückung der dortigen Gemeinden bevor,

Brief Zwinglis vom 16. Juni 1529 an Bürgermeister und Rat von Zürich

die mehrheitlich zur Reformation übergegangen waren und denen auch Zürich als Schutzmacht verpflichtet war. Konflikte in von einem innerschweizerischen Landvogt regierten Gemeinen Herrschaften hatte es bereits zahlreiche gegeben und die Verbrennung des Zürcher Pfarrers Jakob Kaiser in Schwyz als Ketzer am 29. Mai 1529 dokumentierte die altgläubige Entschlossenheit. Während sich die innerschweizerischen Orte rüsteten, den Landvogt mit militärischer Gewalt in Baden zu installieren, zog Zürich Truppen zusammen, um ebendies zu verhindern. Die Folge war die Konfrontation in Kappel im Juni 1529. Zwingli hatte den «Feldzug» gewünscht, aber als politisches Druckmittel gegen die für das Söldnerwesen verantwortlichen innerschweizerischen Oligarchen. Noch aus dem Feldlager in Kappel hatte er in Briefen an den Zürcher Rat und an Konrad Sam in Ulm betont, dass die Zürcher «nicht ausgezogen sind, um Blut zu vergiessen» (Z X, 152; 181). Konkretes Ziel war, dem Landvogt und seinen Begleittruppen den Weg ins Freiamt zu versperren und zugleich durch eine militärische Machtdemonstration der Forderung Nachdruck zu verleihen, dass die Glaubensfreiheit für die Einwohnerschaft in den Gemeinen Herrschaften im gesamteidgenössischen Recht zu verankern sei. Eine militärische Besetzung und Zwangsreformierung der Innerschweiz war nie Zwinglis Plan. Er war überzeugt, dass man den Glauben nicht mit Gewalt und Zwang verbreiten kann und darf. Als Folge davon werden bei ihm gelegentlich gar Töne laut, wie man sie im nachfolgenden, langen «Konfessionellen Zeitalter» selten vernehmen wird. So, wenn das «Christliche Burgrecht», das von Zwingli ins Leben gerufene reformierte Schutzbündnis, als politisches Ziel formuliert, dass alle Christen rechtlich anerkannt werden sollten, die die zwölf Artikel des Apostolikums bejahten (vgl. EA 4, 1a S. 1524). Dass sich Zwingli schliesslich doch genötigt sah, zur Sicherung des evangelischen Glaubens das Mittel der Gewalt bewusst einzukalkulieren, war eine Folge der sich immer stärker zuspitzenden, innereidgenössischen und europäischen politischen Aporie, in der sich beide Konfliktseiten schliesslich keine wirkliche, dauerhafte Lösung mit friedlichen Mitteln mehr vorstellen konnten. Immerhin wurde im Juni 1529 Blutvergiessen verhindert. Trotz der angespannten religions- und machtpolitischen Situation innerhalb der Eidgenossenschaft hielt sich die Lust auf einen Bruderkrieg besonders auf dem Land in Grenzen. Der in Kappel abgeschlossene «Erste Landfriede» entsprach allerdings nicht Zwinglis Vorstellungen. In seinen Augen hatte man die Gunst der Stunde verpasst, den «Inneren Orten» konkretere Zugeständnisse abzuringen, und ihnen damit lediglich Zeit gegeben, sich für einen künftigen Militärschlag gegen Zürich besser zu formieren. Weitere Konflikte kamen dazu. Von Bedeutung war der Streit um den neugewählten Abt der grosse Gebiete verwaltenden Fürstabtei

St. Gallen. Diese stand unter der gemeinsamen Schirmherrschaft von Zürich, Luzern, Schwyz und Glarus, die sich darin abwechselten. Nach dem Tod des Abts Franz Gaissberg am 21. März 1529 wurde unter Umgehung Zürichs, das seit 1528 den «Schirmhauptmann» stellte, Kilian Germann in aller Eile zum neuen Abt gewählt. Dieser wandte sich zur Durchsetzung seiner althergebrachten Fürstabtrechte sogleich an die altgläubigen Schirmorte, während seine Untertanen, die sich unterdessen für die Reformation ausgesprochen hatten, Zürich als Schirmort anriefen. Zürich verweigerte ihm die Anerkennung als Fürstabt zudem aus theologischen Gründen. Zwingli schlug vor, ihn als «weltlichen» Landesherrn über die Gebiete anzuerkennen, falls er bereit wäre, seine «Mönchskutte» abzulegen (vgl. EA 4, 1b S. 165–167f.). Schon in den *Artikeln* von 1523 hatte Zwingli formuliert, dass der Abt eines Klosters, also ein Geistlicher, gemäss der Bibel nicht zur Ausübung eines weltlichen Herrschaftsamts befugt sei und dass die ererbten geistlichen Klosterstiftungen nicht in weltliche Besitztümer und Obrigkeitsrechte umgewandelt werden dürfen (vgl. ZS II, 347). Dass ein Fürstabt reformierte Klosteruntertanen, «Gotteshausleute» genannt, akzeptieren würde und umgekehrt diese ihn, war kein realistisches Szenarium. Während es Zwingli um den Schutz der durch Mehrheitsbeschluss reformiert gewordenen Gemeinden und ihrer Prediger zu tun war und er auch hier das Prinzip der religiösen Gemeindeautonomie verfocht, war das Verhalten der politischen Obrigkeit Zürichs nicht frei von machtpolitischen Entscheidungen. Schliesslich ging es um ihre traditionelle Einflusssphäre in direkter Nachbarschaft. Wo eine Mehrheit den reformierten Glauben angenommen hatte, gab es zwar keine Ketzergerichte; die Rücksichtnahme auf Minderheiten, in diesem Fall Altgläubige, war dennoch, zweieinhalb Jahrhunderte vor der Erklärung der Religionsfreiheit als Menschenrecht, gering – nicht anders als in den nachfolgenden Jahrhunderten.

Der Zweite Kappeler Krieg

Nach 1529 wuchsen die Spannungen weiter an. Komplizierte Verhandlungen und Missverständnisse mit dem intern gespaltenen Verbündeten Bern waren schliesslich dafür mitverantwortlich, dass am 11. Oktober 1531 eine innerschweizerische Übermacht einem schlecht vorbereiteten und in aller Eile zusammengezogenen Zürcher Heer, wiederum in Kappel, auf Zürcher Gebiet an der Grenze zu Zug, gegenüberstand. Ein wirklicher militärischer Schlagabtausch wäre auch diesmal keineswegs zwingend gewesen und wurde von den Heerführern nicht gesucht. In der Tradition früherer kriegerischer Auseinandersetzungen der Eidgenossen und zahlreicher räuberischer «Freischarenzüge» war es eine Gruppe disziplinloser kriegslustiger Innerschweizerischer, die das Blutvergiessen auslösten. Es kam zu einer verheerenden Niederlage der Zürcher. Auch Zwingli war unter den etwa vierhundert Zürcher Toten. Sein Leib wurde von den Innerschweizern gevierteilt und verbrannt und damit das Ketzergericht auf dem Feld an ihm vollzogen. Nach diesem Krieg wurden einige Gebiete wieder, und nun endgültig, dem alten Glauben «zugeführt» und Schweizer – aber nicht Zürcher – Söldner blieben weiterhin im Ausland tätig. Während der Französischen Revolution von 1792 ebenso wie in der Julirevolution von 1830 waren sie es, die das Königshaus gegen das Volk militärisch verteidigten. Offiziell verboten wurde das Söldnerwesen in der Schweiz erst 1859.

Der entscheidende Faktor für Zwinglis Drängen auf einen erneuten Feldzug gegen die Innerschweiz war wohl seine Einschätzung der gesamteuropäischen Lage, die auf eine beginnende gewaltsame Bekämpfung der Protestanten auf der Ebene des Deutschen Reichs hinwies, was für Zürich einen Zweifrontenkrieg bedeutet hätte (vgl. Johannes Strickler, Actensammlung zur Schweizerischen Reformationsgeschichte in den Jahren 1521–1532 im Anschluss an die gleichzeitigen eidgenössischen Abschiede. Zweiter Band (1529–1530), Zü-

Die Schlacht bei Kappel am 11. Oktober 1531. Holzschnitt in Johannes Stumpfs Schweizer Chronik, 1547, nach einer Darstellung von Hans Asper

rich 1879 [=Strickler II], Nr. 1167). Das Gerücht, dass Ferdinand von Österreich mitsamt dem Schwäbischen Bund sich rüste, Zürich «mit Krieg zu überziehen», war schon länger im Umlauf (EA 4, 1a S. 1093). Am Reichstag von Speyer 1529 hatte sich die habsburgische Haltung gegenüber den Protestanten deutlich verschärft. Die Krönung Karls V. zum Kaiser durch Papst Clemens VII. Ende Februar 1530 in Bologna signalisierte ein engeres Zusammengehen beider. Am Reichstag von Augsburg vom Juni desselben Jahres durften zwar die Lutheraner mit der «Confessio Augustana» ihren Glauben darlegen, der Kaiser unterzeichnete allerdings die «päpstliche Widerlegung» dieser Schrift. Und der militärische Einfall des Kastellan von Musso, Gian Giacomo Medici, in das von den «Drei Bünden» gemeinsam verwaltete Veltlin im März 1531, bei dem die «Inneren Orte» sich weigerten, ihren Bündnispflichten durch die Entsendung von Truppen nachzukommen, sah nach einem ersten Schritt eines Mehrfrontenkrieges aus. Durch eine rasche Aussergefechtsetzung der «Inneren Orte» wollte man einem solchen zuvorkommen.

Schliesslich waren die Habsburger erst in den 1540er-Jahren zu einer militärischen Grossoffensive gegen den Protestantismus in der Lage, von der die eidgenössischen Orte verschont bleiben sollten. Auch andere Lageeinschätzungen und Entscheidungen Zwinglis in seinen beiden letzten Lebensjahren könnten kritisch kommentiert werden. Für seine taktischen Vorschläge im Blick auf Vorgehen und Zeitpunkt bei den Feldzügen fand sich schon im zeitgenössischen Zürich und erst recht im verbündeten Bern keine Mehrheit. Zwar sollte der Berner Reformator Niklaus Manuel nicht zu einem pazifistischen Gegenbild zu Zwingli stilisiert werden, denn auch Bern vertrat handfeste eigene politische Interessen; dennoch wäre der wohl von ihm stammende, für militärische Zurückhaltung plädierende Ratschlag vor dem Zürcher Rat vom 3. Juni 1529, unmittelbar vor dem ersten Kappeler Feldzug, durchaus noch eine praktikable Option gewesen (EA 4, 1b S. 212f.). Deutlicher als Zwingli hatte er jedenfalls erkannt, dass die Hartnäckigkeit, mit der die Innerschweizer am herkömmlichen Glauben festhielten, nicht einzig einer oligarchen Oberschicht zu verdanken war, sondern ihre Wurzeln tief in der Frömmigkeit des Volkes hatte.

Die Kappeler Kriege hatten weit reichende politische Folgen und waren doch auch nur Episode: 1547, während des Schmalkaldischen Krieges, lud Zürich zum traditionellen eidgenössischen Schützenfest ein und beherbergte Delegationen auch aus den meisten Orten der Innerschweiz, begleitet von Ratsleuten und Musikanten. Es war eine Demonstration der «Freundschaft» und des gemeinsamen Wehrwillens der nun bikonfessionellen Eidgenossenschaft auf dem Hintergrund der europäischen «Konfessionskriege» – ein europäisches Novum. Im historischen und theologischen Rückblick lässt sich Zwinglis Verantwortungsgefühl für seine sich dem göttlichen Willen widersetzenden und Gottes Zorn provozierenden Miteidgenossen deutlicher von dem wiederentdeckten «Evangelium» unterscheiden, als dies dem Zürcher Reformator in seiner Zeit wohl möglich war. Zwinglis Verantwortungsgefühl für die gesamte Eidgenossenschaft hatte auch mit dem Geschichtsbild seiner Zeit zu tun, das geschichtliche Ereignisse direkt mit dem Gottesverhältnis der Völker in Verbindung brachte: Durch das neu hörbar gewordene «Evangelium» ruft Gott in seiner Güte die Menschen wieder zu sich. Den hartnäckig im Ungehorsam Verharrenden aber wird er zum Rächer und ganze Völker werden den göttlichen Zorn zu spüren bekommen, sei es durch Krieg, Hungersnot oder Pest, davon war Zwingli überzeugt, und davor wollte er seine lieben Eidgenossen unter Einsatz seines Lebens bewahren (vgl. ZS I, 92f. 99f.; ZS III, 40). Als im August 1531 ein Komet am Himmel erschien, erliess der Zürcher Rat ein Mandat, das die Bevölkerung zu häufigerem Kirchgang, zu Gebet und zur konsequenten Sonntagsheiligung aufforderte, um so dem göttlichen Zorn zu entgehen (vgl. EAk Nr. 1780). Zwinglis Überzeugung von der Kraft und Freiheit des göttlichen Geistes hätte sich im Rahmen eines anderen Geschichtsbildes wohl anders auswirken können – eine Feststellung, die nicht nur für ihn, sondern für die gesamte Reformationszeit gilt.

Zugleich gilt es aber auch, die realen Handlungsalternativen der Zeit nicht aus dem Blick zu verlieren. Ein prinzipieller Verzicht auf militärische Mittel hätte bedeutet: der Verzicht Zürichs, das zudem als «Vorort» seit 1510 den Vorsitz der Eidgenossenschaft innehatte, auf sein ihm zustehendes Mitregierungsrecht in den unmittelbar benachbarten Gemeinen Herrschaften. Alle Bitten um Schutz vor religiöser Unterdrückung und Ketzerverbrennung, die aus diesen Gebieten eintrafen, hätten abgewiesen werden müssen. Ebenso hätte man darauf verzichtet, angesichts einer wachsenden europäischen militärischen Bedrohungslage strategisch zu denken. Für diese Art von Pazifismus war nicht nur der Zürcher Leutpriester zu sehr ein Eidgenosse des 16. Jahrhunderts. Man darf somit durchaus behaupten, dass Zwingli dem Grundsatz seiner Schrift von 1523 *Wie Jugendliche aus gutem Haus zu erziehen sind* zeitlebens treu geblieben ist:

> «Der Christ aber soll sich der Waffen gänzlich enthalten, so weit dies beim Zustand und beim Frieden des Staates möglich ist. [...] Wenn man aber wirklich beschlossen hat, das Fechten zu lernen, so soll das einzige Ziel darin bestehen, das Vaterland und diejenigen, die uns Gott anempfiehlt, zu schützen» (ZS I, 235).

«Vor dem Herrn bezeuge ich: wenn dann meine Schriften einmal von allen gelesen wären, so wünschte ich, mein Name geriete allenthalten wieder in Vergessenheit» (Z 8, 334).

Zwingli als Pionier
des Protestantismus

Wirkungen

Das letzte Kapitel, die Würdigung Zwinglis als Pionier des Protestantismus, sollte eigentlich das längste sein. Schon nur den Impulsen der Zwinglischen Reformation auf das politische, wirtschaftliche und kulturelle Leben, ja auf das Selbstverständnis und die Mentalität der (zunächst) protestantischen Schweiz nachzugehen, würde den vorliegenden Rahmen bei weitem sprengen.

So kleinräumig Zwinglis unmittelbares Wirken in Zürich und der Eidgenossenschaft war, seine direkte, und erst recht seine in verschiedener Weise vermittelte, indirekte Ausstrahlung auf Europa und auf den weltweiten Protestantismus ist erheblich. Zu einer nationalen oder religiösen Symbolfigur hat er sich nie geeignet, und Zwinglifeiern wären ihm ein Gräuel gewesen. Besser zu ihm passt die Rolle eines Anregers, dessen Name hinter seinen Wirkungen zurücktritt und erst recht hinter seiner Sache. Schliesslich ging es ihm nie um Originalität, sondern darum, an seinem Ort als «Gefäss» oder «Handgeschirr» Gottes ein «prophetischer» Zeuge für das «alte», stets kräftige und heilvolle Evangelium zu sein. Dennoch haben ihn viele Zeitgenossen als theologischen Vater und Lehrer bezeichnet. Zu ihnen gehören der Basler Reformator Johannes Oekolampad, die Strassburger Reformatoren Wolfgang Capito und Martin Bucer, aber auch der Genfer Reformator Wilhelm Farel, um nur die Bekanntesten zu nennen. Allen voran verdient allerdings Heinrich Bullinger (1504–1575) Erwähnung. Er hat als Nachfolger Zwinglis den reformierten Protestantismus europaweit über Jahrzehnte geprägt und die Zwinglische Reformation nicht nur repräsentiert, sondern ihr durch seine zahlreichen, weite Verbreitung erfahrenden Schriften ein dauerhaftes Gesicht verliehen. Über die Eidgenossenschaft und einige deutsche Fürstentümer hinaus sind langfristige Einflüsse Bullingers besonders in den Niederlanden, in Osteuropa und in England leicht erkennbar. Dass alle genannten Reformatoren nicht einfach Epigonen waren, sondern selbständig wei-

Heinrich Bullinger als Dreiunddreissiger, 1537, unbekannter Künstler

terdachten, auch in Aufnahme anderer Anregungen, konnte nur im Sinne Zwinglis sein.

Deutlich stärker als es ihm selber bewusst war, stand etwa auch Calvin in seinen grundlegenden theologischen Entscheidungen im Kräftefeld des Zürcher Reformators. Es gibt keinen theologischen Gedanken Calvins, der nicht zuvor schon in der Zwinglischen Reformation diskutiert worden wäre. Sowohl historisch als auch theologisch ist Zwingli, nicht Calvin, der Urvater des reformierten Protestantismus. Nahezu alle nächsten Freunde und Mitstreiter Calvins – genannt seien die wichtigsten vier Briefpartner Farel, Viret, Bucer und Bullinger – sind wesentlich vom Zürcher Reformator geprägt. Auch in der weiteren Geschichte der reformierten Theologie und des reformierten Protestantismus sind Zwinglis Einflüsse unverkennbar. Dies gilt für die wichtigste reformierte Bekenntnisschrift, Bullingers *Zweites Helvetisches Bekenntnis*, für den *Heidelberger Katechismus* und die grossen Entwürfe der Bundestheologie des 17. Jahrhunderts, aber auch für die Theologie Karl Barths, dessen Denken sehr viel stärker von theologischen Grundentscheidungen Zwinglis lebt, als es in seiner Vorlesung über die Theologie Zwinglis von 1922/23 den Anschein macht. Die *Barmer Theologische Erklärung* von 1934, deren weltweite Wirkungsgeschichte bis heute andauert, ist im Wesentlichen eine aktualisierende Umsetzung der Grundentscheidungen Zwinglis: Bei der ersten These von Christus, dem «einen Wort Gottes», hat sich Barth nachweislich von Zwingli anregen lassen, Zwinglis Grundunterscheidung von Gottesdienst und Götzendienst bestimmt den gesamten Text, und was zur Zusammengehörigkeit von Glaube und Gehorsam, zur Kirche, zum Staat und zum kirchlichen Amt gesagt wird, kann man im Kern bereits bei Zwingli nachlesen.

Präsent ist Zwinglis Denken nicht nur im Presbyterianismus und in der Mennonitischen Theologie, sondern auch im Anglikanismus und im Methodismus. Unzweideutig belegen lassen sich solche weiten theologie- und geistesgeschichtlichen Linien über Jahrhunderte hinweg freilich naturgemäss selten, und einlinige kausale Wirkungen sollte man in der Geschichte nicht behaupten. Wer mit Zwinglis Denken hinreichend vertraut ist, wird allerdings in den genannten Traditionen immer wieder auf dessen teils kräftige Spuren stossen. Dass dies keineswegs Zufall ist, lässt sich in vielen Fällen durchaus zeigen.

Im späteren reformierten Protestantismus, und nicht nur dort, trifft man jedenfalls eine ganze Reihe von Schlüsselthemen und Gedanken an, die sich im Kern bei Zwingli finden lassen: die Integration des lutherischen Rechtfertigungsgedankens in eine *umfassende Versöhnungstheologie*, die einer individualistischen Engführung des Heils entgegenwirkt; der *Bundesgedanke*, der das Neue Testament in Verbindung mit der Hebräischen Bibel zu lesen lehrt und den Menschen in seinem Lebensvollzug als Bundespartner Gottes aufwertet; ein *Gottesgedanke*, der Gottes «Güte» und «Barmherzigkeit» nicht in einem spannungsvollen Nebeneinander seiner (bedrohlichen) «Gerechtigkeit» zur Seite stellt, sondern diese als Ausdruck der göttlichen Güte interpretiert. Weiter zu nennen wären: Zwinglis Lehre von der differenzierten *Verbindung von Wort und Geist*, die den Glauben vor einer «spiritualistischen» Subjektivierung einerseits und einer «gesetzlichen» Buchstabengläubigkeit andererseits bewahrt; seine *Abendmahlslehre*, die in zeitgenössisch beispielloser Konsequenz auf die biblischen Texte und deren hebräisch-biblische Gedankenwelt zurückgeht und gleichzeitig Raum für Gottes eigenes Wirken lassen will; ein *Gottesdienstverständnis*, das sich auf die zentralen Elemente der Bibelauslegung und des Gebets (der göttlichen Anrede und der menschlichen Antwort) konzentriert und auf zusätzliche Riten und Mittel zur Steigerung religiöser Emotionalität verzichtet, dies mit stetem Blick auf das gehorsame Tun; die Betonung der unlösbaren *Einbettung der individuellen Gottesbeziehung in die christliche Gemeinschaft*; die klare *Unterscheidung* von *sichtbarer* und *unsichtbarer Kirche* und von *göttlicher* und *menschlicher* Gerechtigkeit, die eine *inkohative*, also anfangsweise Bewegung des Menschen auf die Erfüllung von Gottes Willen hin einschliesst, ja impliziert; die Betonung des *universalen*, den Raum von Kirche und Kirchlichkeit weit überschreitenden Wirkens Gottes; und schliesslich die *Würdigung des Kreuzes Christi* als Versöhnungstat Gottes für alle Menschen und Ausgangspunkt aller praktischen Kirchenreformen.

Perspektiven

Zahlreiche politische und geistig-kulturelle Rahmenbedingungen, die Zwinglis Denken und Handeln zutiefst mitgeprägt haben, gehö-

Porträt Zwinglis
von Hans Asper,
um 1549

ren allerdings längst der Vergangenheit an und damit auch manche Konsequenzen, die der Zürcher Reformator in den Konflikten seiner Zeit aus dem «Evangelium» gezogen hat. Von der zweiten Hälfte des 16. Jahrhunderts an hatte sich der reformierte Protestantismus vielfach als Kirche zu gestalten und zu bewähren, die nicht mehr mit dem Wohlwollen der politischen Autoritäten rechnen konnte. Aber schon Zwingli selber war nicht auf Schüler aus, sondern auf *Mitstreiter*. Dazu gehören alle, die in ihren je eigenen Kontexten *mit* ihm nach dem «reinen Angesicht Christi» fragen und es von menschlicher – auch eigener, kirchlich-religiöser wie unkirchlicher – Verunstaltung zu unterscheiden suchen. Es wären dies Menschen, die sich von der christlichen Botschaft von der Versöhnung befreien lassen von allen irdischen Ansprüchen auf Letztgültigkeit – zur Gestaltung der Welt. Von Zwingli lernen würde damit heissen, ein christlich-tätiges Leben als *Praxis der freien Dankbarkeit* anzustreben, eine Praxis allerdings, die keine Kompromisse duldet. Besteht der christliche Glaube im vorbehaltlosen und exklusiven Vertrauen auf Christus, den Mensch gewordenen Gottessohn, dann lassen sich Gottesdienst und Götzendienst nicht schiedlich-friedlich unter der Überschrift «Religion» subsumieren. Vielmehr sieht sich das Christentum dann unablässig vor die Aufgabe gestellt, «*wahre*» von «*falscher*» Religion, Gottesverehrung von Kreaturvergötterung zu *unterscheiden*. Ohne Konflikte wird die Verkündigung des «Evangeliums», wie Zwingli es versteht, auch künftig schwerlich vonstatten gehen. Von Zwingli lernen würde weiter heissen: Ein christliches Leben anzustreben, das den *Mut zum Bekenntnis zu Christus* aufbringt und dem «Führer und Hauptmann» (ZS II, 59) als dessen «Streiter» und «Reisläufer» den «Fahneneid» (ZS III, 230) zu leisten bereit ist – und die Konsequenzen und Folgen Gott selber überlässt. Nicht zu vergessen ist dabei allerdings Zwinglis Verständnis des göttlichen Geistes, auf den er immer wieder verweist: So sehr der Zürcher Reformator mit der wirkenden Gegenwart Gottes in allen Dingen rechnete, so sehr war er auf die bleibende Unterscheidung von *göttlichem* und *menschlichem* Wirken *bedacht*. Was die christliche Kirche auszeichnet, ist die *Bitte* um den Heiligen Geist – nicht dessen Besitz oder Verwaltung. «Kirche» verdient sie genannt zu werden, wo, und nur insofern, sie «einzig auf die Stimme Gottes, ihres Hirten, hört», und nicht auch noch auf andere Stimmen (ZS III, 215). Dankbarkeit und Bekennen in den von Zwingli gelegten Linien machen *tolerant* – im vollen, die ursprüngliche Wortbedeutung und damit persönliche Leidensbereitschaft für andere einschliessenden Sinn, denn sie stellen die Glaubenden vorbehaltlos in die Solidarität mit allen Menschen, die auf die göttliche Gnade und auf Versöhnung angewiesen sind.

«Wer ein Jünger Christi ist, der trägt für den Vater möglichst viel Frucht, wie Christus auch getan hat [...] Christus hat seinen Vater dadurch geehrt, dass er jedermann Gutes tat und schliesslich sich selbst für alle hingab. So sollen unsere religiösen Bräuche keine anderen sein als die, die Christus gepflegt hat, denn durch sie wird Gott verherrlicht: indem wir uns mit aller Kraft um Wahrhaftigkeit und Uneigennützigkeit bemühen und bereit sind, unsere Geschwister nicht in den Dienst unserer eigenen Zwecke zu stellen, sondern sich für sie hinzugeben. Das meint: den Vater ‹in Geist und Wahrheit› anbeten [Joh 4,24]» (Z III, 850f.).

Abkürzungen, Literatur, Bildnachweise

Abkürzungen

EA 4, 1a = Johannes Strickler, *Die Eidgenössischen Abschiede aus dem Zeitraume von 1521 bis 1528.* Der amtlichen Abschiedesammlung Bd. 4, Abt. 1a, Brugg 1873.

EA 4, 1b = Johannes Strickler, *Die Eidgenössischen Abschiede aus dem Zeitraume von 1529 bis 1532.* Der amtlichen Abschiedesammlung Bd. 4, Abt. 1b, Zürich 1876.

EAk = Emil Egli, *Aktensammlung zur Geschichte der Zürcher Reformation in den Jahren 1519–1533*, Aalen 1973.

HBRG = Heinrich Bullinger, *Reformationsgeschichte*, Bde. I–III, hg. von Johann Jakob Hottinger; Hans Heinrich Vögeli, unveränd. Nachdruck der Ausgabe 1838, Zürich 1984.

Myconius = Oswald Myconius, *Vom Leben und Sterben Huldrych Zwinglis*, hg. von Ernst Gerhard Rüsch, St. Gallen 1979.

Strickler I = Johannes Strickler, *Actensammlung zur Schweizerischen Reformationsgeschichte in den Jahren 1521–1532 im Anschluss an die gleichzeitigen eidgenössischen Abschiede.* Erster Band (1521–1528), Zürich 1878.

Strickler II = Johannes Strickler, *Actensammlung zur Schweizerischen Reformationsgeschichte in den Jahren 1521–1532 im Anschluss an die gleichzeitigen eidgenössischen Abschiede.* Zweiter Band (1529–1530), Zürich 1879.

Z = *Huldreich Zwingli sämtliche Werke* (Corpus Reformatorum 88–108), hg. von Emil Egli u. a., Berlin, Leipzig, Zürich 1905–2013.

ZS = *Huldrych Zwingli Schriften*, IV Bde., hg. von Thomas Brunnschweiler und Samuel Lutz, Zürich 1995.

Verwendete Literatur

Für Bezüge auf die Forschungsliteratur fehlt hier der Raum. Dankbar konsultiert wurden besonders folgende Titel, die zugleich zur weiteren Vertiefung empfohlen werden.

Ulrich Gäbler, *Huldrych Zwingli. Eine Einführung in sein Leben und Werk*, 3. Aufl., Zürich 2004.
Martin Haas, *Huldrych Zwingli und seine Zeit. Leben und Werk des Zürcher Reformators*, 3. Aufl., Zürich 1982.
Gottfried W. Locher, *Huldrych Zwingli in neuer Sicht*, Zürich 1969.
Gottfried W. Locher, *Die Zwinglische Reformation im Rahmen der europäischen Kirchengeschichte*, Göttingen 1979.
Johannes Voigtländer, *Ein Fest der Befreiung: Huldrych Zwinglis Abendmahlslehre*, Neukirchen-Vluyn 2013.

Bildnachweise

Zentralbibliothek Zürich, Graphische Sammlung und Fotoarchiv:
S. *12*: Huldrich Zwinglin (PAS II 25/30); S. *17*: Kurtzlich mit der Eidgnosschafft. Hat gespilet die herschafft (PAS II 24/14); S. *28*: Porträt von Regula Gwalther-Zwingli und Anna Gwalther (Inv 5); S. *56*: Dominus Diethelmus Reüstius (Röist, Diethelm I, 3); S. *110*: Porträt von Heinrich Bullinger (Inv 103a); S. *113*: Porträt von Huldrych Zwingli (Inv 6)

Zentralbibliothek Zürich, Handschriftenabteilung:
S. *39*: Reformationschronik von Bullinger/Haller (Ms B 316, f. 75v); S. *79*: Chronik von Edlibach (Ms A 77, f. 343r); S. *85*: Reformationschronik von Bullinger/Haller (Ms B 316, f. 262v)

Zentralbibliothek Zürich, Alte Drucke & Rara:
S. *24*: Pestlied, in: Gmein Gsangbüchle von vill vor und jetz nüwgedichten Psalmen, Hymnen und geistlichen Liedern (Zwingli 2003); S. *36*: Schlussreden (III N 105); S. *51*: Von göttlicher und menschlicher Gerechtigkeit (5.112); S. *63*: Jost Amman, Die Frauenzimmer (FF 445); S. *67*: Zürcher Bibel, Titelblatt (VIII bis 35); S. *71*: Action oder Bruch des Nachtmals (18.1470); S. *102*: Schweizer Chronik von Stumpf (AW 40: 2)

Schweizerisches Nationalmuseum Zürich:
S. *20/21*: Rechte Stadtseite (AG-8.1/8.2, DIG-4981/4982); S. *60*: Linke Stadtseite (AG-7.1, DIG-3441), Gemälde von Hans Leu d. Ä., 1497–1502, aus: Grossmünster Zürich

Staatsarchiv Zürich:
S. *98*: Brief Zwinglis (E I 3.1 Nr. 45)

Hessisches Staatsarchiv Marburg:
S. *90/91*: Marburger Religionsgespräch (Bestand 3 Nr. 254, erste und letzte Seite)